本书是重庆市教委人文社会科学研究一般项目“后小康阶段公平正义指引共同富裕的实现路径研究”（22SKGH038）的阶段性成果

| 光明社科文库 |

当代政治哲学基础

王　涛◎著

光明日报出版社

图书在版编目（CIP）数据

当代政治哲学基础 / 王涛著. --北京：光明日报出版社，2023.8

ISBN 978-7-5194-7389-1

Ⅰ.①当… Ⅱ.①王… Ⅲ.①政治哲学—研究—英国—现代②政治哲学—研究—美国—现代 Ⅳ.①D095.615②D097.125

中国国家版本馆CIP数据核字（2023）第145434号

当代政治哲学基础

DANGDAI ZHENGZHI ZHEXUE JICHU

著　　者：王　涛

责任编辑：杨　茹　　　责任校对：杨　娜　乔宇佳

封面设计：中联华文　　　责任印制：曹　净

出版发行：光明日报出版社

地　　址：北京市西城区永安路106号，100050

电　　话：010-63169890（咨询），010-63131930（邮购）

传　　真：010-63131930

网　　址：http://book.gmw.cn

E-mail：gmrbcbs@gmw.cn

法律顾问：北京市兰台律师事务所龚柳方律师

印　　刷：三河市华东印刷有限公司

装　　订：三河市华东印刷有限公司

本书如有破损、缺页、装订错误，请与本社联系调换，电话：010-63131930

开　　本：170mm×240mm

字　　数：182千字　　　印　　张：14

版　　次：2023年8月第1版　　　印　　次：2023年8月第1次印刷

书　　号：ISBN 978-7-5194-7389-1

定　　价：89.00元

目 录
CONTENTS

导　论

一、什么是“当代政治哲学”

在行为主义政治学兴起之前，政治思想和政治哲学一直都是西方政治科学的主要构成部分。西方政治思想的发展经历了以下四个不同的历史阶段，前后发展有着明显的不同：第一个阶段是公元前 6 世纪至 5 世纪的古希腊罗马政治思想，这个阶段流行的政治观念被称为“自然政治观”①；第二个阶段是 5 世纪到 15 世纪的中世纪基督教政治思想，这个阶段流行的政治观念被称为“神学政治观”；第三个阶段是 15 世纪到 20 世纪 70 年代的现代政治思想，这个阶段流行的政治观念被称为

① “自然”（nature）是古希腊政治思想中的一个非常重要的概念，但现代人已经很少再使用这个专门的概念。然而，无论是在东方，还是在西方，人们还在日常话语中经常表述这个概念的意思。比如说，人们常说“某某人不错，像个爷们（或者说姐们吧）”，言下之意，就是承认男人有男人的“自然”，女人有女人的“自然”。在古希腊人看来，万事万物都有其“自然”，人当然也不例外。蜜蜂为什么是蜜蜂，因为它们会酿蜜；乌龟为什么是乌龟，因为它们会下蛋。同样的道理，人之所以为人，肯定是因为人具有特殊的本性（也就是“自然”），人的目的就是把他的自然本性实现出来。你可以说人们给出的关于“自然”的答案（就像我们这里给出的答案一样）是荒谬的，但关键是这种思维方式叫作目的论（Teleology）。今天西方的保守主义者是如何从目的论的观点出发反对同性恋、反对堕胎的呢？他们的辩护是：婚姻之所以为婚姻，是因为婚姻（男女结合组成家庭）的目的是生育后代，而同性恋无法生育，堕胎则终止生育。所以，应该反对同性恋、反对堕胎。

“权利政治观”；第四个阶段是20世纪70年代以来的当代政治思想，多元化是这个阶段流行的政治观念的一个显著特点。与西方政治思想的第四个发展阶段即“当代政治思想”中“当代”一词的含义完全相同，“当代政治哲学”这个表述中的“当代”也指的是20世纪70年代以来。事实上，当代政治哲学复兴的一个标志性事件，就是1971年美国政治哲学家约翰·罗尔斯（John Rawls）《正义论》（*A Theory of Justice*）一书的出版。

当代政治哲学正是本书要讨论的对象。当代政治哲学兴起于20世纪70年代的美国，主要流行于英语系国家的学术圈。换言之，当代政治哲学具有强烈的学院派理论的特征，对社会公众的直接影响相对较小。当代政治哲学最初是在英美等国流行开来的。虽然其影响的地域也包括欧洲和世界上其他一些国家和地区，但主要集中于美国、英国、加拿大和澳大利亚这样的英语系国家。所以，本书考察的对象实际上是当代西方政治哲学，尤其是当代英语系国家中的政治哲学。“西方政治哲学”这个表述中的“西方”，并不是一个地理概念，而是一个文化的概念。“西方”通常指那些实行立宪民主制度和市场经济的发达资本主义国家。因此，所谓当代的“西方国家”，就不仅包括欧洲国家，而且还包括欧洲以外与欧洲的制度和文化一脉相承的其他国家，比如北美洲的美国、加拿大，以及大洋洲的澳大利亚、新西兰等。

当代英语系国家中的政治哲学受到了此前在这些国家流行已久的分析哲学的强烈影响，因而也被称为“分析的政治哲学”（analytical political philosophy）。正如中国学者周保松所言：“当代英美政治哲学的主流，基本上属于分析政治哲学。”① 在他看来，分析的政治哲学在方法上十分重视概念的明晰和论证的严谨。换言之，它反对使用难解的或含

① 周保松. 自由人的平等政治［M］. 增订版. 北京：生活·读书·新知三联书店，2013：268.

义不清的概念，反对故弄玄虚、含混晦涩的论证。这种哲学基本上是在道德哲学的框架内展开的，它的基本工作是“用清楚明白的语言，准确区分和界定政治生活中不同的政治概念，然后在此基础上提出理由证成政治原则，而证成过程必须尽可能以严谨的逻辑推理方式进行，并让读者看到背后的论证结构”①。

“政治哲学”“政治理论”“政治思想”三个概念之间既有联系，又有区别。其中，“政治思想”（Political Thought）的含义最为宽泛，它与“政治心理”（Political Psychology）相对，包括了人们关于政治现象的一切有意识的思考。“政治理论”（Political Theory）的含义要比“政治思想”窄，它仅指“探讨、评价、解释和预见政治现象的思想体系”②。“政治理论”又分为经验政治理论（Empirical Political Theory）和规范政治理论（Normative Political Theory）两类，前者讨论的是经验事实（empirical facts），主要关注事实如何；后者讨论的是价值（values），主要关注应当如何。三者之中，“政治哲学”（Political Philosophy）的含义是最为狭窄的，它只包括规范政治理论，是“政治思想体系中最高层次的理论形式”③。

那么，什么是政治哲学呢？当代英国政治哲学家艾伦·布朗（Alan Brown）这样回答：“人（无论是作为个体还是作为群体的人）的生活的最优良和最正当的方式是什么，实践哲学在处理这一问题时，有两个分支：一个分支是伦理学（或道德哲学），另一个分支是政治学（更准确地说是政治哲学）。伦理学关注个人：个人应该如何生活，应该接受什么样的价值和理想，应该遵循何种规则；政治哲学关注这类问题的社

① 周保松. 自由人的平等政治［M］. 增订版. 北京：生活·读书·新知三联书店，2013：268.

② 杰克·普拉诺，等. 政治学分析辞典［M］. 胡杰，译. 北京：中国社会科学出版社，1996：121.

③ 浦兴祖，洪涛，等. 西方政治学说史［M］. 上海：复旦大学出版社，1999：6.

会的方面，或者更明确地讲，就是关注社会应该如何组织的问题”，“政治哲学的核心问题，是以某种方式关注优良（good）或正当的（right）社会组织的实质（nature）”①。

另外两位英国政治哲学家亚当·斯威夫特（Adam Swift）和乔纳森·沃尔夫（Jonathan Wolff）也对政治哲学做出了自己的界定。亚当·斯威夫特认为：“政治哲学家询问国家是如何运作的；什么样的道德原则应该支配国家对待其公民的方式；国家应该寻求创造什么样的社会秩序。正如这些‘应该’所暗示的，政治哲学是道德哲学的分支，它对正当性感兴趣，对国家应该或者不应该做什么感兴趣”，“政治哲学是道德哲学非常特殊的分支，在那里，道德的要求是非常高的。政治哲学并非有关人们应该做什么，而是有关人们相互之间在道德上被允许做什么，有时是道德上被要求做什么。”②

乔纳森·沃尔夫对政治哲学的定义十分经典，他认为“政治哲学是一门规范性（normative）学科，它试图确立（社会政治生活的）规范（规则，或是理想的标准）”③。在乔纳森·沃尔夫看来，政治哲学一般被视为道德哲学的一个分支，但与道德哲学不同，政治哲学主要回答两个问题：一是“谁得到了什么”，二是“谁说了算（谁来操刀）”。前者涉及物质利益（material goods）的分配以及权利和自由权（liberties）的分配，关注的主题包括自由、正义（分配正义）等；后者涉及另一类价值（good）——政治权力（political power）的分配，关注的主题包括自然状态（前社会状态）、政治合法性、政治统治等。所

① BROWN A. Modern Political Philosophy：Theories of Just Society［M］. London：Penguin Group，1986：11-12.

② 亚当·斯威夫特．政治哲学导论［M］. 佘江涛，译．南京：江苏人民出版社，2006：6.

③ 乔纳森·沃尔夫．政治哲学导论［M］. 王涛，赵荣华，译．长春：吉林出版集团有限责任公司，2009：2.

以，一部完整的“政治哲学导论”便应当包括在回答上述两个问题时所牵涉的所有主题，即自然状态（前社会状态）、政治合法性、政治统治、自由、正义（分配正义），以及与它们相关的方法论的问题（个人主义还是集体主义）。

在政治学的学科体系中，政治学理论是政治学一级学科下四个最重要的二级学科之一，而“政治哲学”与“政治思想史”则都是政治学理论的重要研究领域。当然，“政治哲学”与“政治思想史”之间也是有区别的。“政治哲学”一般被视为政治学与哲学的交叉学科，而“政治思想史”则“既是政治学学科的重要组成部分，也是历史学的分支学科”①。但“政治哲学”与“政治思想史”都是政治学理论的基本组成部分。两者不仅在内容上存在重合之处，而且在每个历史发展阶段总是具有相同的时代性特征——归根到底，它们都属于受特定时代历史条件制约的政治意识形态（political ideology）。

我们知道，西方政治思想的历史发展具有鲜明的阶段性，这种阶段性是由其时代背景的数轮转换所带来的——西方历史的发展也呈现出鲜明的阶段性的特点：古希腊罗马政治思想属于第一个历史发展阶段，它从自然的观点来看待政治，认为政治社会是自然演进的结果，而人类社会政治秩序也被当成宇宙大秩序的一部分；中世纪基督教神学政治思想属于第二个历史发展阶段，它以超自然的神的观点来看待政治，认为人类社会是神创世界中的一部分，主张政治隶属于神；现代政治思想的总的特点是在主客二分的前提下高扬人的主体性，它是第三个历史发展阶段的产物。虽然我们在现代的时间序列中细分出了“当代”，但当代西方政治思想、当代政治哲学亦属于“现代”（modern）的思想理论范畴。

---

① 《西方政治思想史》编写组．西方政治思想史［M］．第二版．北京：高等教育出版社，人民出版社，2019：1.

随着近代主体性哲学的发展（法国哲学家笛卡尔提出“我思故我在”的著名命题是近代主体性哲学的一个标志性的开端）和人自身的发现（欧洲近代早期的人文主义是对人的重新发现，它重视个人的兴趣、价值观和尊严，信奉人的本性是善良的，相信人是可以改变的），西方政治思想、政治哲学开始了一个新的阶段。在这个阶段，政治既非自然，也非神创，它乃是自由平等的个人所创造的，是这样的人的意志的产物。既然政治是人为的（artificial），它便要受到人凭借自身的理性可以构想的那些理想标准的衡量。树立理想标准的价值在于指导现实。虽然现实的政治（以及现实的社会制度）总是存在着这样或者那样的缺陷，但作为历史创造主体的那些人（这里借用了马克思主义关于人类历史创造者的概念），却可以促使其向着他们共同的理想标准不断迈进。这便是现代政治思想所蕴含的实践逻辑。正是在这一强大的“逻辑的力量”的作用下，现代自由民主制度通过资产阶级民主革命运动的开展得以确立（虽然仅仅在形式上）并发展成熟。

如前所述，本书主要研究在当代英美国家的学术圈内占据主导地位的政治哲学，尤其是支配当代英美国家政治哲学的关于自由主义民主的论辩，关于个人权利、机会平等、正义的道德观念等自由主义民主的基本原则的论辩。我们将从马克思主义的基本原理和立场出发来考察这些论辩，分析它们的内在逻辑及其在理论和实践方面的缺陷；我们将重点介绍当代英美政治哲学的四个最重要的流派——自由平等主义、自由至上主义、规范的马克思主义、共同体主义（它们不仅早在20世纪七八十年代就已经发展起来，而且迄今为止发展得也最为成熟），尤其注重分析这四大流派中最杰出的几位政治哲学家（包括约翰·罗尔斯、罗纳德·德沃金、罗伯特·诺奇克、艾伦·伍德、迈克尔·桑德尔、迈克尔·沃尔泽等人）在一些关键论题上的理论争论。

二、当代政治哲学兴起的时代背景

如前所述，当代政治哲学兴起于20世纪70年代的美国（1971年罗尔斯《正义论》一书的出版是当代政治哲学兴起的标志），并迅速扩展至世界上的其他英语系国家，主要在这些国家的学术圈中得以繁荣发展。至今，它的影响已经遍及世界各地。比如，对当代中国的知识分子而言，罗尔斯绝对算得上是一位耳熟能详的人物。从某种意义上讲，正是罗尔斯的《正义论》极大地影响了当代中国人关于正义的思考和想象。当代政治哲学是在什么样的时代背景下兴起的呢？在第二次世界大战结束以来的这段时间里，20世纪70年代是一个重要的转折点。从第二次世界大战结束到20世纪70年代以前，是西方资本主义发展的一段黄金时期。而在20世纪70年代以后的这一阶段，英美等国乃至整个西方世界在经济、政治和文化方面产生了一些新的特征和发展趋势，它们一同构成了当代政治哲学勃兴的时代背景。

经济方面，进入20世纪70年代，西方主要国家在经历了战后的经济恢复和经济繁荣后，一度陷入衰退。从20世纪80年代中后期起，在新一轮科技革命、信息化、经济全球化的有力推动下，西方国家的经济缓慢地走出低谷，呈现出回升和增长的趋势。美国经济在20世纪90年代后获得了持续增长，其他西方国家的经济也在同一时期出现了相应的发展。第二次世界大战以后的几十年，西方主要发达国家虽然在经济发展上出现了这样的起伏，但并未像战前那样因经济的一时衰退而引起巨大的震荡和混乱。究其原因，可能要归功于资本主义国家对市场经济的有力调节，以及这些国家中相对健全的社会福利制度的建立。历史表明，二战后的资本主义仍然能够进行某种程度的自我调整，利用科技革命、信息化、经济全球化产生的积极成果，促进社会生产力的发展，进而缓和国内的阶级矛盾。

政治方面，二战后，所有西方国家都走上了民主政治的发展道路。与此同时，原本实行民主政治的西方国家，如英美等国，在战后国内形势和人民斗争的影响和推动下，其政治民主也有了进一步发展，例如公民权的扩大，这些国家的妇女陆续都获得了选举权；再如，除了早已经写进宪法的公民和政治权利外，这些国家在经济、社会、文化领域中的公民权利也有所增加和扩大。另外，战争结束后，西方主要发达资本主义国家尾随英国之后相继建成了福利国家，而福利国家的出现伴随着这些国家中的政府对经济的普遍干预。“非常重要的一点是，社会保险为人们提供了合法权利来要求生活保障，这也成为现代政治生活中的基本权利。”① 随着各国社会保险制度的完善，旧的残补式的社会福利模式（Residual Model）转变为一种制度化的社会福利模式（Institutional Model），在此基础上福利国家出现了。“在这期间，兴起的福利国家开始扩张税收范畴，以累进税率的方式征收所得税来获得必要的资金，以应付快速膨胀的社会福利责任。”②

然而，战后西方国家民主政治的发展、人权状况的改善以及社会福利政策的质变，未能调和西方国家中种种深刻的社会矛盾。美国在20世纪70年代后，由于外来移民的增加，人口的种族构成发生了明显的变化，黑人的经济地位下降，与白人的贫富差距扩大；白人保守势力坚持种族歧视，外来移民受到限制和排斥，种族矛盾日益激化。种族民权运动与嬉皮士运动、新左派运动、反战运动和女权主义运动相叠加，对美国的政治制度构成了巨大的冲击。“人们对民主制度的权威提出疑问和挑战，揭露其虚伪、腐败与种种弊端。这些怀疑与批评涉及政治生活

① GILBERT N, TERRELL. 社会福利政策引论［M］. 沈黎，译 . 上海：华东理工大学出版社，2013：40.

② GILBERT N, TERRELL. 社会福利政策引论［M］. 沈黎，译 . 上海：华东理工大学出版社，2013：40.

和制度的重要方面，像政治参与、代议民主、国家干预经济的职能以及民族国家的统一，撼动着西方民主制度的根基。"① 青年学生运动、女权主义运动同样侵扰了大西洋彼岸的西欧各国——彼时西欧各国的种族矛盾还没有美国那么大。除了这些社会与政治运动外，西欧各国还在同一时期受到福利国家低效之累，人民对既有制度的不满情绪上升，对政府的信任感降低，政府权威遭到削弱。西方民主制度的权威受到严重的质疑，这种情况迫切要求这些国家主流学术圈的知识分子重新"加固"（说"重建"也许并不太合适）自由主义民主的理论基础。

文化方面，二战后，在西方国家出现了主流自由主义文化兴盛繁荣的局面。西方人将第二次世界大战的胜利视为自由主义民主的胜利。冷战时期，自由主义民主又成为西方国家对抗社会主义的一面旗帜。在东欧剧变和苏联解体之际，日裔美籍学者弗朗西斯·福山（Francis Fukuyama）趁机鼓吹"历史终结论"，宣扬资本主义和西方自由民主已取得历史终结性的胜利。福山"历史终结论"的提出，标志着战后西方国家自由主义文化兴盛的巅峰，从此以后，它就逐渐开始走下坡路了。然而，直至21世纪初，自由主义文化都还没有表现出十分明显的危机征兆。这一时期英美政治哲学也在持续发展，不断拓展出新的研究主题。但到21世纪的第二个十年，在世界面临新的变局，在英美政治哲学老一代的那些耀眼明星纷纷陨落的时候，西方国家的自由主义文化已面临着社会撕裂困局下各种极端主义和民粹主义思潮的剧烈冲击。

冷战初期，在美苏两大阵营尖锐对抗的国际背景下，自由主义的文化不仅是西方国家主流的观念形态，而且成为冷战的焦点。在这一阶段，自由主义的文化（以及相关的学术研究）是僵化的、封闭的和高度一元化的，几乎不可能存在质疑、批判或者反省的观点。20世纪70

① 徐大同，等．当代西方政治思潮［M］．第二版．天津：天津人民出版社，2010：5.

年代后，随着西方社会检讨冷战局面、批判既有社会文化体制与学术格局的热情的高涨，才开始出现文化的多元化发展趋势。在美国，先前的意识形态僵持逐渐松动，各种社会议题逐渐暴露，弱势群体开始发出自己的声音，社会文化领域也“一反先前弥漫的同质化与自满姿态，进入了一个以质疑、对抗、解放为主调的多元时代”①。文化的多元化最深层的内核是价值的多元化。政治主张是基于某些价值而形成的，价值的多元化必然导致政治思潮的多元化。据加拿大政治哲学家威尔·金里卡（Will Kymlicka）所讲，在当代西方，新的政治理论不断涌现，而每一种新的政治理论都被认为是在诉求一种不同的终极价值。“于是，我们被告知，除了早先对‘平等’（社会主义）与‘自由’（自由至上主义）的诉求，政治理论现在还诉求下面一系列终极价值：‘契约协定’（罗尔斯）、‘共同利益’（社群主义）、‘效用’（功利主义）、‘权利’（德沃金）、‘身份’（多元文化主义）、‘男女均可’（女权主义）。因此我们现在就有了更多的终极价值，我们无法在它们之间作出合理性的（rational）论证。”②

面对各种（政治理论诉求）互不从属而又相互冲突的终极价值，一种不基于其中任何一种终极价值的综合的政治理论是否成立呢？答案有可能是否定的。如果是这样，那就意味着在当代想要复兴政治哲学的努力将会变得毫无希望可言。当然，政治哲学不可能不从某些价值出发。但是，如果这些价值只是一些人认可的价值，它们就成了偏见，而政治哲学也就成了对偏见的理论化表达。结果这种表达越系统化，人们之间的分歧也越深刻。不过，也有人认为当代西方国家诸多终极价值多元并存、无法通约的情况并非事实。比如，对罗尔斯而言，虽然各种不同的哲学和道德学说旨趣各异，而且对自由的要求和对平等的要求是相

① 威尔·金里卡. 当代政治哲学［M］. 刘莘，译. 上海：上海译文出版社，2011：3.
② 威尔·金里卡. 当代政治哲学［M］. 刘莘，译. 上海：上海译文出版社，2011：3.

互冲突的，但自由和平等是它们共同的价值目标。在追求自由和平等的这一点上它们之间不存在根本性的分歧。这样，建立一种综合的政治理论便有了基本的立足之处，最后依靠这种理论来解决政治价值之间的相互冲突便有了可能。

罗尔斯将解决政治价值之间的相互冲突称为政治哲学的实践作用。为了发挥这一作用，政治哲学的一个任务“就是关注那些高度争论的问题，并且抛开现象，看一看是否能够揭示出哲学一致和道德一致的基础。或者，即使我们不能发展这种一致的基础，至少我们有可能缩小由政治分裂所导致的在哲学和道德观点方面的分歧，以使基于公民之间相互尊重的社会合作得以维持”①。政治哲学既关注冲突的社会和经济利益根源，更关注冲突的另一根源——不同的哲学和道德学说相互之间的争论。所以，它就必须从这些学说中抽离出来，而不能直接依赖其中任何一种。关键是要发展出一种能够指导这些争论的综合的理论：它要对相互竞争的自由要求和平等要求加以理解，对这些要求的相互顺序以及轻重缓急加以安排，并对任何一种具体的安排方式加以证明。众所周知，正是罗尔斯为了重新“加固”自由主义民主政治的理论基础，从西方人关于自由和平等的底线共识出发，寻求一种能够指导（由自由主义文化的多元化发展所带来的）观念争论的综合的政治理论，引发了当代政治哲学的复兴。

---

① 约翰·罗尔斯. 作为公平的正义：正义新论［M］. 姚大志，译. 上海：上海三联书店，2002：4.

第一章

自由平等主义

当代政治哲学从总体上说仍然是现代政治思想的一部分，属于现代性的一部分。大约从1500年开始，经过17世纪中叶的英国资产阶级革命、18世纪末的法国大革命、到19世纪初欧洲各国的资产阶级民主革命，是现代政治思想的形成时期。对现代世界影响最大的几位政治思想家都是在这一阶段产生的。这一阶段的政治思想规定了现代人的生活方式，这一阶段的很多政治话语成了当代政治话语的直接来源。比如，近代自然法学派的自然状态是"现代人"即自利的个人的起始点，社会契约的理论带来了以个人为中心的观察政治社会的视角。但是，与从尼可罗·马基雅维利（Niccolo Machiavelli）、托马斯·霍布斯（Thomas Hobbes）到伊曼努尔·康德（lmmanuel kant）的现代政治思想相比，当代政治哲学的侧重点发生了变化。现代政治思想主要探讨与国家权力和政府的法律性质有关的问题，而当代政治哲学主要关注国家所制定的法律和政策，尤其是与社会正义、自由、平等、共同体等相关的法律和政策，其中又以社会正义为重点。当代政治哲学复兴的标志就是罗尔斯在1971年出版的《正义论》以及随之而兴起的有关正义的讨论。社会正义问题是当代政治哲学的重要主题，罗尔斯在《正义论》一书中围绕这一主题的系统论述，迅速在英美等国的学术圈产生了极其广泛和深远的影响，激励了一大批学者投身于对正义，以及对更加广泛的政治规范和价值的批判性思考。英美国家的政治哲学学者大多数是在回应罗尔斯《正义论》的过程中提出自己的理论主张，以至于如果不了解罗尔斯的《正义论》，就很难了解当代政治哲学。正因为如此，要了解当代政治哲学，《正义论》是最好的出发点。

第一节　罗尔斯的《正义论》

在政治光谱上，罗尔斯的正义理论常被视为左翼自由主义，又或"自由平等主义"（liberal egalitarianism）。这种中间偏左的理论的基本特点，就是在强调"自由"的同时，也不忽视"平等"。在评判国家制定的法律和政策时，它一方面强调个人自由权（liberties）的不可侵犯性，另一方面又重视经济和社会资源的公平分配。为此，它反对不受约束的自由市场经济，主张适当的国家干预和政府再分配（国家干预的主要目的在于保护社会，而不单纯在于弥补市场的不足）。左翼自由主义的历史最早可以追溯至19世纪中后期。比如，英国在19世纪末出现的新型自由主义（New Liberalism）——这是一种经过修正的自由主义——就属于一种比较典型的左翼自由主义。19世纪末以来，虽然经受过数次右翼意识形态的冲击，但左翼自由主义却一次又一次成功地抵御了冲击，持续地充当西方自由主义的主流，并且促成了西方国家对资本主义的一系列局部调整和改良。虽然自20世纪70年代中期以来，主流的左翼自由主义就开始面临右翼自由主义的严峻挑战——这一轮冲击现在看来还没有出现结束的迹象，但左翼自由主义对日常语言的影响仍在，一般来讲，我们今天使用的"自由主义"概念，指的就是左翼自由主义。而"自由平等主义"，则是当代英美国家中作为一种政治哲学流派的左翼自由主义。当代左翼自由主义最杰出的理论著作无疑就是罗尔斯的《正义论》。《正义论》分为理论、制度、目的三编，其中理论这一编，也就讨论正义原则的部分受到的关注最多，以下将重点介绍这个部分的内容。

一、功利主义与直觉主义的缺陷

罗尔斯《正义论》① 的主要目的，是要建立一种正义理论，借助于它，就可以解释和评价对正义的某些直觉的确认。这种正义理论还要提供一组在道德上值得追求，在实践上可行的原则，以此来规范社会的基本结构（the basic structure of society），指导“在各种不同的决定利益分配的社会安排之间进行选择，从而达到一种有关恰当的分配份额的协议”②。罗尔斯特别强调，《正义论》的目标“是要确立一种正义论，以作为一种可行的选择对象，来替换那些长期支配着我们的哲学传统的理论”③。英国法哲学家 H. L. A. 哈特（H. L. A. Hart）对那种长期支配着西方哲学传统的理论有过一句经典的概括：“旧的信条是，某种形式的功利主义——只要我们能够找到那种正确形式的话——必定能把握住政治道德的本质。”④

罗尔斯正义理论的一个鲜明立场就是反对功利主义，尤其是对由杰里米·边沁（Jeremy Bentham）等人所开创、在亨利·西季威克（Henry Sidgwick）那里得到系统阐述的古典功利主义（Classical Utilitar-

① 罗尔斯《正义论》的初版出版于 1971 年，该书出版后就立即引起了许多学者的关注。1999 年，罗尔斯又出版了《正义论》的修订版。与前者相比，后者是一个更完善的版本。如果不加特别的说明，本书对《正义论》的引用都来自 1999 年的修订版。

② 约翰·罗尔斯．正义论［M］．何怀宏，何包钢，廖申白，译．修订版．北京：中国社会科学出版社，2009：4.

③ 约翰·罗尔斯．正义论［M］．何怀宏，何包钢，廖申白，译．修订版．北京：中国社会科学出版社，2009：3.

④ HART H. L. A. Between Utility and Rights［J］. Columbia Law Review，1979：79.

ianism）的拒斥。在罗尔斯看来，在针对众多具体的问题时，功利主义或许是有价值的，但它不应该被用来充当评价整个社会的道德标准。也就是说，罗尔斯反对的主要是作为一种政治道德的功利主义。罗尔斯认为，功利主义只关注社会成员满足总量的最大化，并不关心满足的总量怎样在个人之间进行分配。正如他所指出的："功利主义并不认真地对待人与人之间的差别。"①

功利主义的正义把"最大多数人的最大功利（效用）"作为道德评价的标准，它的一个显著问题是不能确保某些人的权利和自由不受侵犯。功利主义的正义总是包含这样的风险，即允许牺牲某些人的权利和自由来换取最大多数人的最大功利（效用）。这并不是说功利主义不看重人的权利和自由。某些功利主义承认社会福祉离不开对个人权利和自由的尊重和保护，比如约翰·密尔（John Stuart Mill）就认为，他可以用为社会成员创造最大幸福的名义来捍卫自由主义的正义。然而，即便是这种被称为"间接功利主义"（indirect utilitarianism）的理论，也无法彻底消除上述风险。有时候，为了让许多人享受较大的利益，比如说为了消除某种普遍的社会恐慌，功利主义的正义会赞成政府施行"替罪羊政策"（scapegoating practice）——这样的案例在西方社会中是真实地发生过的。这种为了"最大多数人的最大幸福"而牺牲无辜者的政策，显然是一种在道德上有害的行为。

在罗尔斯看来，功利主义的上述风险是难以接受的，因为它违背了常识性的正义准则，尤其是它与人们对正义的一个首要性的直觉的确信相抵触。《正义论》开篇就将这一直觉的确信明确陈述如下："每个人都拥有一种基于正义的不可侵犯性，这种不可侵犯性即使以整个社会的福利之名也不能逾越。因此，正义否认为了一些人分享更大利益而剥夺

① 约翰·罗尔斯．正义论［M］．何怀宏，何包钢，廖申白，译．修订版．北京：中国社会科学出版社，2009：22.

另一些人的自由是正当的，不承认许多人享受的较大利益能绰绰有余地补偿强加于少数人的牺牲。所以，在一个正义的社会里，平等公民的各种自由是确定不移的，由正义所保障的权利决不受制于政治的交易或社会利益的权衡。”①

罗尔斯在反对功利主义的时候诉求了直觉的确信，这是否意味着他拥护直觉主义呢？答案是否定的。在一般的意义上，直觉主义是一种含有一组不能再追溯的最初原则的理论。直觉主义理论具有两个特征：其一，它是由一批最初原则构成的，这些最初原则可能是相互冲突的；其二，它不包括任何可以衡量那些原则的明确方法和更优先的规则。②

直觉主义的正义是观念与原则的大杂烩（这些观念和原则都符合我们的某些直觉）。直觉主义的问题是：第一，诸多道德直觉在处理具体问题时可能给出相互冲突的指令；第二，无法提供某种规则来衡量各种道德直觉之间的优先性。直觉主义按照它们原则的概括程度分为若干种类。常识性的直觉主义采取多组相当具体的准则的形式，每一组都适用于一种具体的正义问题，比如，“公平工资”“正义税收”“公正惩罚”等。在思考“公平工资”的时候，我们面临相互冲突的标准，如技术、培训、努力、责任心、工作的危险性，以及人的（客观的）需要等，为了得到公平工资的观念，我们就必须在各种竞争的标准之间进行权衡，但我们缺乏衡量它们优先性的依据。当然，这些具体的准则可以参考社会政策的某些目的来加以考虑。然而，思考那些更为抽象的目的（或者说概括程度更高的各种原则），比如，平等和效率、平等和自由等，我们还要依靠直觉，并且同样缺乏衡量它们优先性的依据。

---

① 约翰·罗尔斯. 正义论［M］. 何怀宏，何包钢，廖申白，译. 修订版. 北京：中国社会科学出版社，2009：3.

② 约翰·罗尔斯. 正义论［M］. 何怀宏，何包钢，廖申白，译. 修订版. 北京：中国社会科学出版社，2009：27.

为了超越功利主义与直觉主义，罗尔斯试图建立一种能够架构人们各种直觉的、综合的（体系化的和融贯的）政治理论。这样的正义理论一方面必须正视优先性问题，另一方面要对我们深思熟虑的判断（那些直觉的确信）给出一种系统的解释。虽然这样的正义理论无疑还要在某种程度上依赖直觉，但它会尽可能地减少直接地诉诸深思熟虑的判断。罗尔斯将他建立的这样一套正义理论称为公平的正义（justice as fairness），根据公平正义理论，适用于优先问题的明确的正义原则，是自由和平等的公民从一个公平的初始点——“原初状态”（original position）开始思考，通过推理而达到的。正义原则是一些将在原初状态中被选择的原则，但它们其实是一种确定的选择境况的结果。由原初状态而得到的正义原则被用来指导社会的基本结构，后者对人们的生活期望存在关键性的影响。具体来说，正义原则的作用是通过调节权利和利益的分配来规范自由和平等的公民（个人）相互之间的合作。

二、罗尔斯的正义原则

罗尔斯的两个正义原则是一种更一般的正义观的一个具体实例。一般正义观可以表述为：“所有社会价值——自由和机会、收入和财富、自尊的社会基础——都要平等地分配，除非对其中一种价值或所有价值的一种不平等分配合乎每一个人的利益。”①

这样，不能使所有人得益的不平等就是不正义的。显然，这个观念仍然是十分含糊的，需要做进一步的解释。首先，什么叫作“得益”？罗尔斯用基本善（primary goods）的概念来表述人们得益的情况。他假定，社会基本结构分配某些基本的善。这些善（goods）对于个人来说，不论一个人的理性生活计划是什么，一般都对他有用，因此它们是每个

① 约翰·罗尔斯．正义论［M］．何怀宏，何包钢，廖申白，译．修订版．北京：中国社会科学出版社，2009：48.

有理性的人都想要的东西；而且，这些善是社会的基本善（social primary goods），因为它们处在社会的直接控制之下。其次，什么叫作"所有人得益"？罗尔斯设想了一个最初的社会安排，在这一安排中，所有的社会基本善都被平等地分配，每个人都有同样的权利和义务，收入和财富被平等地分享。"这种状况为判断情况是否得到了改善提供了一个基点。如果某些财富和权威的不平等将使每个人都比在这一假设的开始状态中更好，那么它们就符合我们（关于正义）的一般观念。"①

但是，每个人都比最初的安排更好，既可能允许人们放弃某些基本的自由来换取更大的经济社会收益，又不能排除类似奴隶制那样的极端情况。两者都违背了《正义论》开篇所陈述的关于自由权的直觉的确信。在社会基本善中，基本的自由权和经济社会利益是不一样的，基本的自由权无论如何都应该被平等地分配，而不可以被不平等地分配。正义的第一原则确立每个人都享有平等的基本自由权，就是为了杜绝上述可能性（以自由换收益的"风险"）。在《正义论》的大多数地方，罗尔斯都是把一般的正义观搁置一边，而考察处于先后次序的两个原则，这样做就是为了从一开始就注意到优先的问题。

一般正义观不足以构成一种完整的正义理论，因为被分配的各种社会基本善可能相互冲突。比如，某些时候，我们也许可以通过剥夺某些人的基本自由权来增加他们的收入；再如，在一些情形下，我们可能会为了唾手可得的收入和财富而放弃获取职务和地位的机会，如此等等。总之，我们需要一个优先序列来安排不同类别的社会基本善的分配。在罗尔斯的正义理论中，社会基本善大致可分为基本自由权、获取职务和地位的机会、收入和财富这样三个大类。罗尔斯认为它们的优先序列如下：基本自由权（调节其分配的原则是平等的自由原则）优先于获取

---

① 约翰·罗尔斯．正义论［M］．何怀宏，何包钢，廖申白，译．修订版．北京：中国社会科学出版社，2009：49.

职务和地位的机会（调节其分配的原则是公平的机会平等原则），获取职务和地位的机会优先于收入和财富（调节其分配的原则是差别原则）。这三类社会基本善之间拥有严格的先后次序，决不允许为了促进后者而牺牲前者。也就是说，既不能够为了获取职务和地位的机会或者较高的收入和财富而牺牲基本自由权；也不能够单纯为了较高的收入和财富而放弃获取职务和地位的机会。将调节三类社会基本善分配的诸原则按照词典式的优先顺序排列，这就是“两个正义原则”：

> 第一个原则：每个人对与所有人所拥有的最广泛平等的基本自由体系相容的类似自由体系都应有一种平等的权利。
>
> 第二个原则：社会和经济的不平等应这样安排，使它们在与正义的储存原则一致的情况下，适合于最少受惠者的最大利益；并且，依系于在机会公平平等的条件下职务和地位向所有人开放。①

如上所述，罗尔斯的两个正义原则包括第一个原则——平等的自由原则，以及调节社会与经济不平等的第二个原则，第二个正义原则又包括公平的机会平等原则和差别原则。罗尔斯的两个正义原则之间具有严格的先后次序，第一个原则要优先于其他的正义原则，因此，自由只能为了自由的缘故而被限制。第二个原则中的公平的机会平等原则要优先于差别原则，第二个原则作为一个整体又要优先于效率原则和最大限度追求利益总额的（功利主义）原则。

在初版《正义论》第五章的第 46 节，罗尔斯在给出关于两个正义原则的最后陈述时，还包含了关于一般正义观的一种较为全面的表述：

---

① 约翰·罗尔斯．正义论［M］．何怀宏，何包钢，廖申白，译．修订版．北京：中国社会科学出版社，2009：237.

“所有的社会基本善——自由和机会、收入和财富及自尊的基础——都应被平等地分配，除非对一些或所有社会基本善的一种不平等分配有利于最不利者。”[①] 在对一般正义观的这一陈述中，罗尔斯十分明确地把某种对不平等的否决权授予最不利者——最少受惠者，这样他们就可以否决牺牲而非促进自己利益的那些不平等。如果就连最少受惠者都对某种不平等感到满意，那么这种不平等一定是对所有人都有利的，而且这样的安排也一定能够使所有人都受到平等的尊重。这一观念以及反映这一观念的“差别原则”是罗尔斯正义理论中颇受争议的一点，因而需要更加充分的证明。也许正是由于这个原因，这段关于一般正义观的陈述在《正义论》的修订版中被删掉了。

三、罗尔斯的原则论证

罗尔斯的原则论证一直备受关注。有的学者，比如英国政治哲学家布莱恩·巴里（Brian Barry）认为，罗尔斯对正义原则的证明包含两个相对独立的论证，即诉求直觉的论证和依据契约的论证。巴里提出：“罗尔斯事实上并没有认为所有的事情都起源于原初状态，他有关原初状态的全部说明，以及他使差别原则来自原初状态的尝试，出现在共有九章的《正义论》的第三章。但是在第二章‘正义原则’中，罗尔斯构想了一个不需要任何原初状态支持的论点”，“或许在事实上，这一线索很难被注意到，并且常常会被误解”[②]。再如，澳大利亚政治哲学家乔德兰·库卡塔斯（Chandran Kukathas）在其与另一位政治哲学家菲利普·佩迪特（Philip Pettit）合著的书中曾讲：“罗尔斯也为这些原则

① 约翰·罗尔斯．正义论［M］．何怀宏，何包钢，廖申白，译．北京：中国社会科学出版社，2001：303.

② 布莱恩·巴里．正义诸理论［M］．孙晓春，曹海军，译．长春：吉林人民出版社，2004：277.

（两个正义原则）提供了另外一个他认为是更富有直觉感染力的理由。”① 库卡塔斯虽然没有言明，却似乎在暗示诉求直觉的论证是一条独立的论证路线。但是，也有学者有不同的观点，如加拿大政治哲学家威尔·金里卡（Will Kymlicka）认为，这两个论证根本就不是相互独立的。我们认为，虽然两个论证之间确实存在某种关联，但总体上，我们更倾向于前一种观点：诉求直觉的论证是一个独立的论证。究其原因，诉求直觉的论证仅仅诉求直觉，而依据契约的论证虽然也诉求直觉，但它同时还依赖于（原初状态下的各方的）理性选择。

（一）诉求直觉的论证是一个独立的论证

在《正义论》第二章的第 11 节，罗尔斯开始尝试性地概括正义原则，并不断地诉求深思熟虑的直觉以便完善对原则的表述。《正义论》第二章的第 11—13 节，随着这一工作的进展，罗尔斯考虑过对正义原则的好几种概括，一步步地接近那个将在较后处提出的最后陈述。这样，罗尔斯就构想了一个不需要任何原初状态支持的论点。“它从机会的平等转向了收入的平等，从这里出发，经由一个基于平等的帕雷托改良概念，达到了差别原则。”②

两个正义原则的首次陈述如下：

> 第一个原则：每个人对与其他人所拥有的最广泛的平等基本自由体系相容的类似自由体系都应有一种平等的权利。
>
> 第二个原则：社会和经济的不平等应这样安排，使它们被合理

① 乔德兰·库卡塔斯，菲利普·佩蒂特．罗尔斯［M］．姚建宗，高申春，译．哈尔滨：黑龙江人民出版社，1999：52.

② 布莱恩·巴里．正义诸理论［M］．孙晓春，曹海军，译．长春：吉林人民出版社，2004：277.

地期望适合于每一个人的利益；并且依系于地位和职务向所有人开放。①

如前所述，第一个正义原则体现了基本自由优先的直觉的确信。而第二个原则中对社会和经济不平等的限制性条件——地位和职务向所有人开放，则是现代资本主义社会的基本原则，亦体现了当代西方人关于合理利益的直觉的确信。罗尔斯承认，首次陈述的两个正义原则中的“这种排列初看起来是极端的，是一种过于特殊的情况，以致不会引起人们多大的兴趣，但这只是初步的印象，对这种排列我们可以有更多的证明。无论如何，我要坚持这种做法”②。更为显著的问题出现在第二个原则中，即它有两句意义含糊的短语——“符合每一个人的利益”和“向所有人开放”，其确切的含义需要加以澄清。在阐述它们的意义时，如前所述，罗尔斯采用社会基本善的概念来衡量个人的利益，并通过与一个作为基点的开始状态相比较来判断人们的境况是否得到改善。

第二个原则中的“符合每一个人的利益”和“向所有人开放”，各有两种自然的意义，又因为这些意义都是相互独立的，这一原则就有了四种可能的意义。“假定有关平等自由的第一个原则有完全一致的意义，那么我们对（第二个原则中的）这两个原则就有四种解释。”③ 这些解释见表 1-1：

---

① 约翰·罗尔斯．正义论［M］．何怀宏，何包钢，廖申白，译．修订版．北京：中国社会科学出版社，2009：47.

② 约翰·罗尔斯．正义论［M］．何怀宏，何包钢，廖申白，译．修订版．北京：中国社会科学出版社，2009：49.

③ 约翰·罗尔斯．正义论［M］．何怀宏，何包钢，廖申白，译．修订版．北京：中国社会科学出版社，2009：51.

表 1-1 对于“符合每一个人的利益”和“向所有人开放”的四种解释

	“符合每一个人的利益”	
“平等开放”	效率原则	差别原则
作为前途向才能开放的平等	自然的自由平等	自然的贵族制
作为公平机会平等的平等	自由的平等	民主的平等

对“符合每一个人的利益”有“效率原则”和“差别原则”两个解释，对“平等开放”有“作为前途向才能开放的平等”和“作为公平机会平等的平等”两个解释，四个解释两两搭配，就形成了对“符合每一个人的利益”和“向所有人开放”两个原则的四种解释，同时还得到了四种不同的关于社会利益分配的安排（它们构成了四种不同的体系）。通过对这四种不同的安排进行比较，可以得出最符合我们对正义的直觉的确信的那一种安排；这种安排所对应的关于“符合每一个人的利益”“平等开放”的解释，将使第二个原则原先的含糊之处获得确切的含义。所以，我们最好直接用这样的解释来表述第二个原则。在所有的解释中，罗尔斯都假定有关平等自由的第一个原则是被满足的，经济大致是一种自由的市场经济，不管生产资料是私有的还是非私有的。最后概括出的两个正义原则，将是能够更好地与我们对正义的直觉的确信保持一致，并且能够更好地解释这些直觉的确信的原则。如此一来，两个正义原则也就得到了初步的证明。

第一种安排是自然的自由体系（自然的自由平等），它分别结合了对“符合每一个人的利益”和“向所有人开放”的第一种解释——“效率原则”和“作为前途向才能开放的平等”。“按这种表述，第二个原则的第一部分就被理解为被调整得适用于制度或社会基本结构的效率原则，第二个部分就被理解为一种开放的社会体系，在这一体系中，用传统的话说，前途是向才能开放的（careers are open to talents）。"① 在自然的自由体系中，效率的原则要受到某些背景制度的约束。但是，只要这些制度满足"前途向才能开放"，即符合形式的机会平等，那么任何由此而产生的有效率的分配都可以被称为是正义的。然而，由于没有做出努力来保证一种平等的或相近的社会条件，自然的自由体系允许资源的最初分配（也就是以市场分配为主要形式的"初次分配"）的份额受到自然和社会偶然因素的强烈影响。"我们可以直觉到，自然的自由体系最明显的不正义之处，就是它允许分配的份额受到这些从道德观点看是非常任性专横的因素的不恰当影响。"②

对"符合每一个人的利益"和"向所有人开放"两个原则的自由主义的解释，在看待"平等开放"时，在前途对才能开放的主张之外，加上了机会的公平平等原则的进一步限定。也就是说，各种地位不仅要在一种形式的意义上开放，而且应使所有人都有公平的机会达到它们。更确切地讲，就是要使那些有着类似能力或才干的人也应当有类似的生活机会。自由主义的解释并不要求那些在能力或才干方面有先天性缺陷的人也拥有与正常人类似的生活机会。不管怎么样，自由主义的解释还只是一种比较温和的自由平等主义的解释。依据机会公平平等的原则，罗尔斯将"平等开放"详细阐释如下：

> 具体地说，假定有一种自然禀赋的分布，那些处在才干和能力的同一水平上、有着使用它们的同样愿望的人，应当有同样的成功前景，而不管他们在社会体系中的最初地位是什么。在社会的所有

① 约翰·罗尔斯．正义论［M］．何怀宏，何包钢，廖申白，译．修订版．北京：中国社会科学出版社，2009：51.

② 约翰·罗尔斯．正义论［M］．何怀宏，何包钢，廖申白，译．修订版．北京：中国社会科学出版社，2009：56.

部分，对每个具有相似动机和禀赋的人来说，都应当有大致平等的教育和成就前景。那些具有同样能力和志向的人的期望，不应当受到他们的社会出身的影响。①

自由主义的解释试图减少社会偶然因素和自然运气对分配份额的影响，为此就需要对社会体系增加进一步的基本结构性条件。必须把自由市场的安排放进一种政治和法律制度的结构之中，这种政治和法律制度的结构应当支持财产权所有的民主，以防止产业和财富的过度集聚；也应当包括适当的政府再分配，以确保所有人受教育的机会平等，以及享受其他有助于个人生存和发展的福利保障的机会平等。

基于自由主义解释的社会安排，即自由的平等体系，显然要比自然的自由体系更可取。但我们还是可以直觉到它的缺陷。自由的平等体系在两个方面是失败的：首先，即便它如其所愿地排除了社会偶然因素的影响，它还是允许财富和收入受能力和天赋的自然分布决定。“在背景制度允许的范围内，分配的份额是由自然抓阄的结果决定的，而这一结果从道德观点看是任意的。”② 其次，在自由的平等体系中，公平机会的原则只能不完全地实现，至少在某种家庭形式存在的情况下是这样的。“自然能力发展和取得成果的范围受到各种社会条件和阶级态度的影响。甚至努力和尝试的意愿、在通常意义上成为值得奖赏的人的意愿都依赖于幸福的家庭环境和社会环境。保障那些具有同样天资的人在受教育和取得成功的方面的机会平等在实践上是不可能的。”③ 采取能够

① 约翰·罗尔斯．正义论［M］．何怀宏，何包钢，廖申白，译．修订版．北京：中国社会科学出版社，2009：56-57.
② 约翰·罗尔斯．正义论［M］．何怀宏，何包钢，廖申白，译．修订版．北京：中国社会科学出版社，2009：57.
③ 约翰·罗尔斯．正义论［M］．何怀宏，何包钢，廖申白，译．修订版．北京：中国社会科学出版社，2009：57.

减轻自然抓阄的任意结果的原则的同时，必须承认这一事实的存在。

针对自由的平等体系第一个方面的失败，自然的贵族制也许是一种更好的选择，因为它承诺减轻自然的偶然因素的影响。除了接受“前途向才能开放”，即形式的机会平等原则以外，自然贵族制还接受确保最少受惠者受益的差别原则。就其主张对弱势者的保护而言，自然贵族制吸收了“贵族行为理应高尚”的观念，不过这里的“贵族”是经过市场经济优胜劣汰而自然形成的，他们是自由放任资本主义条件下与封建的血统贵族相对的“新贵”。但自然的贵族制的缺陷也是十分显著的，除了形式的机会平等所要求的以外，它不再做任何调节社会的偶然因素的努力。

在罗尔斯看来，自由主义的观念和自然贵族制的观念都是不稳定的。“因为，我们在决定分配份额时，只要我们为社会和自然偶然因素中的某一种因素的影响所烦扰，那么经过思考，我们会发现我们也必然为另一种因素的影响所烦扰。”[①] 我们知道，自然的优势（或劣势）会强化社会的优势（或劣势），反过来，社会的优势（或劣势）又会影响自然的优势（或劣势）——虽然除了优生优育以外，我们很难完全弄清楚这种影响背后的发生机制。两种偶然因素的相互作用最终会动摇自由主义的观念和自然贵族制的观念。从道德上看，社会和自然的偶然因素是同样任意的。所以，应当同时对这两种因素的影响加以限制。这样，我们就从自由的平等转向了民主的平等，而放弃公平的机会平等，退回到自然的贵族制根本不值得认真考虑。

对“符合每一个人的利益”和“向所有人开放”两个原则的民主的解释是通过结合机会公平平等的原则与差别原则来达到的。差别原则（difference principle）通过挑选出一种特殊地位消除了效率原则的不确

---

① 约翰·罗尔斯．正义论［M］．何怀宏，何包钢，廖申白，译．修订版．北京：中国社会科学出版社，2009：58.

定性。在民主的平等体系中，“基本结构的社会和经济不平等将通过这一地位来判断。我们假定存在着平等的自由和公平机会所要求的制度结构，那么，当且仅当境遇较好者的较高期望是作为提高最少获利者的期望计划的一部分发挥作用时，它们才是正义的。在此直觉的观念是：社会结构并不确立和保障那些状况较好的人的较好前景，除非这样做适合于那些较不幸运的人的利益”①。相对于其他几种解释而言，民主的解释无疑是一种较好的解释。所以，罗尔斯认为，“无论我们如何脱离自然的自由体系，只要没有民主的观念，我们就不可能得到满意的回答”②。

罗尔斯在最后概括的第二个正义原则中，用差别原则即“适合于最少受惠者的最大期望利益”来替换“符合每一个人的利益”，用“机会公平平等”的条件来限制“地位和职务向所有人开放”。这样，第二个原则中的含混之处终于得以消除。自此，诉求直觉的论证才算完成。这里，我们将诉求直觉的论证视为不依赖原初状态的相对独立的论证。然而，不管我们怎么看待诉求直觉的论证，都不妨先看看罗尔斯自己的观点。在罗尔斯看来，对原则的概括帮助人们确立了对两个正义原则的初步信心，但它并不等于对原则的正式证明。他相信，在概括原则时诉求的直觉的确信，严格地说并不能成为正义原则的论据。这是因为，在契约论中，所有的论据都要通过原初状态中被理性地同意的东西给出。

（二）诉求直觉的论证和社会契约的论证是相互依赖的

与巴里一样，威尔·金里卡（Will Kymlicka）也承认，罗尔斯对正

---

① 约翰·罗尔斯．正义论［M］．何怀宏，何包钢，廖申白，译．修订版．北京：中国社会科学出版社，2009：58-59.

② 约翰·罗尔斯．正义论［M］．何怀宏，何包钢，廖申白，译．修订版．北京：中国社会科学出版社，2009：58.

义原则的证明包括两种不同的论证：

> 罗尔斯对他的正义原则给出了两种论证。一种论证是，他把自己的理论与涉及分配正义的主流思想进行对比，也就是与机会平等的理想进行对比。罗尔斯论证说，他的理论更好地吻合着我们关于正义的深思熟虑的直觉，并且他的理论对主流思想所诉求的公平理想给予了更好的阐释。罗尔斯的第二种论证相当不一样。罗尔斯论证说，他所提出来的这些正义原则之所以优越于其他的正义原则，是因为它们是某种假定的社会契约的结果。罗尔斯断言，如果人们在一种特定类型的前社会状态下不得不决定应该选择哪些原则去治理社会，他们就会选择他的那些原则。每个人在罗尔斯所说的"原初地位（原初状态）"下，都会出于理性的利益去采纳罗尔斯式的原则以规范社会合作。这第二种论证受到了最多的批评与关注，也是罗尔斯享有大名的原因。①

但与巴里不一样的是，金里卡认为，诉求直觉的机会平等的论证和社会契约的论证是相互依赖的，而不是彼此独立的。诉求直觉的机会平等的论证依赖于社会契约的一些基本预设，社会契约的论证也依赖于对一些深思熟虑的直觉的诉求。

首先是诉求直觉的机会平等的论证。在《当代政治哲学》中，金里卡并没有完整地介绍诉求直觉的论证，他实际上只针对第二个正义原则，集中探讨了诉求直觉的机会平等的论证。机会平等意味着如果每个人追求某项目标的机会是平等的，那么，最终结果的不平等就是正当的。其背后的道德直觉在于：只有遵从机会平等才能保证人们的命运取

① 威尔·金里卡．当代政治哲学［M］．刘莘，译．上海：上海译文出版社，2011：61.

决于自己的选择与努力而不取决于他们所处的境况。金里卡指出，当前西方一种流行的机会平等观认为，当且仅当存在着获取职务和地位——它们会带来相应的收入和名望——的公平竞争时，收入与名望的不平等才被认为是合理的。[①] 也就是说，较高的职务和地位是能够被接受的，只要存在着机会的公平平等，即没有人仅仅因为自己种族、性别或社会背景等因素而在竞争中处于不利地位。这种观点的问题在于：它能保证最后的结果不受（或者更现实地说，较少受到）社会境况的影响，比如性别歧视、种族歧视，以及社会出身和阶级差别等，但是不能保证不受自然境况的影响，比如智力和天赋等的差异。[②] 所以，正如金里卡论述的那样，流行的机会平等的观点不够，还需要进一步考虑自然因素对结果的影响。社会的偶然与自然的偶然，让人类命运受前一种偶然的影响是不正义的，受后一种偶然的影响也同样是不正义的。

天赋分布与社会地位一样，都是偶然的，两者都需要加以限制。不仅具不具备天赋是偶然的，而且在现代社会中具不具备市场青睐的天赋更是偶然的。[③] 流行的机会平等观念的局限性在于，它有悖于我们的这样一个直觉确信："在天赋上占优势者不能仅仅因为他们天分较高而得益，而只能通过抵消训练和教育费用和用他们的天赋帮助较不利者得

---

① 威尔·金里卡．当代政治哲学［M］．刘莘，译．上海：上海译文出版社，2011：61.

② 正如自由的平等体系（或者对"符合每一个人的利益"和"向所有人开放"的自由主义解释）会在两个方面遭到批评一样，这种流行的机会平等观也会遭受同样的挫折：一是调节社会境况的努力并不能够完全地实现（由于家庭的存在），二是它允许自然偶然影响人的发展前景。即便这种机会平等能够完善地保证分配结果不受社会偶然的影响，它还是不能保证分配结果不受自然偶然的影响，这样的自然偶然包括能力和天赋的自然分布。

③ 在古代军事社会，孔武有力是受到青睐的天赋，但在现代市场社会中，孔武有力就不再是受到青睐的天赋。战场上的英雄，退伍以后由于找不到合适的工作，在万般艰难中勉强度日，生活陷入巨大的困境，这样的例子在真实的西方社会中并不罕见。

益，没有一个人能说他的较高天赋是他应得的（deserve），也没有一种优点配得到一个社会中较有利的出发点。”① 那些拥有较高天赋和才干的人，他们使用天赋和才干的行动和努力当然应该受到鼓励。罗尔斯并不赞同抹平人们天赋上的差别，因为这样做不但会打击有天赋的人使用天赋的积极性，而且还会导致新的压迫性的结果。比如，为了保证天赋的大致均等，而在跑得快的人的腿上绑上铅块，在聪敏的人的脑袋里面植入抑制智力的芯片等。在罗尔斯看来，天赋高的人很自然地会预期自己将获得更高收入，但由于天赋高的人并不是天生就应该享有自己的优势，他们的较高预期只有“作为提高最少获利者的期望计划的一部分发挥作用时，它们才是正义的”②。这里的直觉观念是，因自然偶然而导致的不平等的存在只有在有助于增进最不利者的利益时，这种不平等才是合理的。这就是差别原则的要求。最后，对“符合每一个人的利益”和“向所有人开放”的四种解释中，民主的解释显然是最好的；在四种体系中，只有民主的平等体系是最合理的。

其次是社会契约的论证。社会契约论的传统包含了一连串著名的政治思想家的名字，如霍布斯、洛克、卢梭、康德，以及当代的罗尔斯、高西亚等。社会契约论要回答什么是合理的社会组织或规范，它认为只有由自由平等者通过契约订立的社会组织或规范才是正当的。传统契约论认为，人们之所以要签订契约、进入社会状态，是因为社会状态比前社会状态——“自然状态”（natural state）——要好，它回答了社会（政治社会）的起源和政治统治的合法性问题；罗尔斯的新契约论，关注的不是社会（政治社会）的起源和政治统治的合法性问题，而是为

① 约翰·罗尔斯．正义论［M］．何怀宏，何包钢，廖申白，译．修订版．北京：中国社会科学出版社，2009：78.

② 约翰·罗尔斯．正义论［M］．何怀宏，何包钢，廖申白，译．修订版．北京：中国社会科学出版社，2009：58-59.

了得出规范，即指导社会基本结构的道德原则（后期罗尔斯强调这种原则是一种政治的观念）。传统契约论论证了如何从“自然状态”出发创建社会组织——国家；罗尔斯的新契约论则论证了当人们从“原初状态”出发来建构自己社会的规范时，如何做出选择。

在罗尔斯的新契约论中，“契约”不是一个历史事件，而是一种“理性的观念”。合理的规范是从一个消除了谈判能力的差别的初始的平等状态出发，经过人们的理性选择（或者说通过“契约”）而达到的。这一初始的平等状态就是“原初状态”（original position）。然而，“原初状态”并不是一种真实存在的状态（state）。原初状态的假设实际上只是一种“思想实验”，因为只有从假想的“原初状态”出发（即按照它规定了的诸条件进行推理）才能得到大家共同认可的原则。真实世界中的讨价还价所达成的“共识”往往并不是一种真的共识，而只是一种暂时的、不稳定的妥协。原初状态的理论模型包含三个基本设定：“无知之幕”（veil of ignorance）、“相互冷淡理性”（或称“互不关心理性”，mutually disinterested rationality）、“最大的最小值规则”（或称“最低的最大限度规则”，maximin rule）。

当人们从原初状态出发来建构自己社会的规范时，只能在“无知之幕”之后做出选择。“无知之幕”排除了关于个人社会背景（阶级、地位），天赋（能力、智商、体力），以及个人愿望（善观念、心理倾向）的信息，但个人仍具有一般社会事实的知识。因为每个人都可能处于任何人的境况之中，所以每个人对自己利益的考虑同时也是对所有人的考虑。正义原则是真正的商谈的结果，而不是策略考虑和力量对比的结果。原初状态下的人都是理性人（rational man），“无知之幕”并没有减少人的理性。除了具有理性以外，罗尔斯还假定，原初状态下的人是“相互冷淡的”（相互之间没有利益牵涉），这样他们选择正义原则，即选择某种对于基本善的分配方案时，就不会为一些非理性的情感，如嫉妒所干扰。换言之，原初状态下的人具有的是“相互冷淡的理性”。

原初状态下的人是理性的个人：每个人都想获得最大程度的基本善；是无知的个人，即不知道自己是个什么样的人（可能天赋异禀，也可能资质平庸；可能是最有利者，也可能是最不利者；可能信奉此种善的观念，也可能信奉另一种善的观念）。理性和无知的个人必定把每个人的利益当作自己的利益，从而平等地对待每个人，因为他可能成为任何人。这样一来，他对正义原则的选择，就达到了和仁慈一样的结果。当人们在评价某一现象时，潜意识会将对自己是否有利作为对与错的标准，“无知之幕”的设定使人以“造物主”视角来安排社会合作的规范。

理性而无知的个人会如何选择呢？他会选择平均主义的原则吗？不会。因为某些不平等可能促进每个人的基本善。他知道平均分配可能使人变得懒惰，而不平等分配却能够激励人不断努力。选择那种大家的生活都没有办法变得更好的原则是非理性的。他会选择功利主义的原则（也许是平均效用最大化）吗？也不会。因为他可能成为功利主义社会中的那个牺牲品，而他不知道成为那个牺牲品的概率有多大——选择可能被牺牲的原则也是不理性的；而且由于他不知道各种风险的概率，因此也无法确定何种冒险是理性的，何种冒险是不理性的。

理性而无知的人要从一组备选原则中选出调节社会基本善的分配的原则，对他来说，采取“最大的最小值”策略——选择使最小的善最大化的方案——才是理性的。假如有三种方案，每一种方案都有三种情况（这当然只是对复杂社会的一种高度简化），它们之间的受益程度可以用数字表示：

方案一：10：8：1

方案二：2：2：2

方案三：5：4：3

罗尔斯认为人们会选择方案三。因为“最大的最小值”策略青睐使最小或最坏的情况下的所得最大化的方案。依据“最大的最小值”的选择策略，在对若干备选原则进行比较之后（不仅是进行理性的比较，还要看哪一种原则更能够体现道德人的某些直觉确信），尤其是在将罗尔斯的原则与平均功利主义原则（它主张最大限度地增加社会成员的平均功利）和受限制的功利原则（它赞同平等自由原则和公平机会原则，但主张用“社会最低保障”来代替差别原则）相比较之后，人们会选择罗尔斯的两个正义原则。

再次是两种论证的结合。按照罗尔斯的新契约论，公平正义的两个原则是人们集体协议的结果，与原初状态下纯粹的理性人不同，参与协议的人是自由和平等的道德人。据金里卡所讲，罗尔斯正义理论中“假定的契约作为一种方法只是为了表现某种平等观”①；所以，社会契约的论证的“前提是平等而不是契约，要想批评这种论证我们就需要表明它不能表现对平等的充分说明”②。在表现道德平等的方面，契约论的方法确有所长，但对原则的证明，契约本身并非不可或缺。比如差别原则，实际上不是理性选择的结果，而是从道德平等推导出来的。

在《正义论》的结尾部分，罗尔斯专门比较了两种哲学方法：基础主义与融贯论。他认为证明公平正义的方法是融贯论的。在罗尔斯看

① 威尔·金里卡．当代政治哲学［M］．刘莘，译．上海：上海译文出版社，2011：69.

② 威尔·金里卡．当代政治哲学［M］．刘莘，译．上海：上海译文出版社，2011：69.

来，一种正义观并不能从不证自明的前提或从对原则所加的条件中推演出来；相反，一种正义观是否正当，这是一个许多考虑相互印证的问题，是把各方面情况结合成一个前后一致的观点的问题。这种融贯论的方法又被称为“反思平衡”（Reflective Equilibrium）。许多学者都承认，“反思平衡”才是罗尔斯正义理论的基本方法，而社会契约的论证只是“反思平衡”的一个实例。社会契约的论证，一方面，要通过对原初状态的说明（创建公平的决策程序）来确定哪种正义原则会被选择；另一方面，还要根据被选出的原则是否符合我们对正义深思熟虑的确信，并且以某种方式扩大了它们，来确定哪种对原初状态的说明是更好的。原初状态表现的是道德平等，选出的原则要吻合并且加深那种直觉。所以，诉求直觉的论证与依据契约的论证是相互依赖的。

关于两种论证并不相互独立，金里卡是这样讲的：“罗尔斯承认可以这样修改原初地位（原初状态），以便从中引出的原则能够吻合我们的直觉（至少是经过这种对理论和直觉的双向调整，并最终使二者和谐一致后的那些直觉）。这看起来像是诡辩。但仅当我们以为罗尔斯会持这种观点——这两种论证分别为对方提供完全独立的支撑，这个说法才能够成立。虽然他有时也的确这样说过（这个论证相互独立），但在另一些地方他却承认，这两种论证是相互依赖的，两种论证都凭借同一组深思熟虑的直觉。”① 在主张两种论证相互依赖的同时，金里卡又承认，依据契约的论证具有单纯诉求直觉的论证不具有的一些优点，即能够更好地表现和检验我们的直觉。

另外，即便将《正义论》第二章中的诉求直觉的论证视为一个独立的论证，它似乎也在某种意义上需要依靠原初状态的观念。罗尔斯在概括正义原则的时候，关于社会价值的分配绝对平等的方式只有一种，

① 威尔·金里卡．当代政治哲学［M］．刘莘，译．上海：上海译文出版社，2011：73.

但不平等的方式却有很多种。我们要保证，从假设的开始状态中的平等出发，每一种不平等的安排都应该比作为基点的平等的安排更好，然后再从中找出最好的那一个。但是，当我们在不同的关于利益分配的安排中进行选择时，不能以个人利益的最大化作为评价的标准。在想象一个可能的替代方案时，要知道这个方案之所以会被考虑在内，并不在于它能够最大限度地满足我们的特殊的利益（这恰是“无知之幕”所要排斥的），而在于它能够让我们的利益得到公平的照顾。要这个世界按照我们的个人偏好进行最大限度的调整，这个想法本身是不正确的。在对不同的社会安排（及其包含的原则）进行选择时，确保我们始终保持不偏不倚的态度——只有这样，才能让选择的结果为所有人所接受，这正是原初状态的观念所要发挥的作用。

四、罗尔斯正义理论的问题

罗尔斯反对因为不合理的社会和自然禀赋差异而造成的不平等，从这一点看，他的正义理论与其他自由平等主义的理论一样也追求“钝于禀赋”和“敏于志向”的目标。但是，由于不同的自由平等主义理论关注的价值观念不尽相同，追求上述目标的程度也存在差别。在诸种自由平等主义理论中，只有运气均等主义（luck egalitarianism）试图完全地（或者至少尽可能地）贯彻“钝于禀赋”和“敏于志向”的目标，而罗尔斯的正义理论对该目标其实是有所保留的。正如乔恩·曼德勒（Jon Mandle）所讲，罗尔斯并不是一位运气均等主义者。罗尔斯诚然反对偶然因素的影响，但并不要求抵消、更不是要消除偶然因素的影响，因此，他的“公平的正义不是一种运气均等主义的理论”[1]。罗尔斯固然关注对不应得的不利结果的补偿（要求钝于禀赋），但他也同样

① MANDLE J. Rawls'a Theory of Justice：An Introduction ［M］. Cambridge：Cambridge University Press，2009：24.

关注社会合作中的互惠的观念（the concept of reciprocity）①，以及作为一种启蒙运动理想的博爱原则。

在《正义论》第二章“正义的原则”中，罗尔斯在解释差别原则时，承认它强调补偿原则所提出的一些考虑，但他是将补偿原则和互惠原则、博爱原则放在一起讲的，认为差别原则与它们都相关。在这里，罗尔斯特别指出：“补偿原则并不是提出来作为正义的唯一标准，或者作为社会秩序的唯一的目标的。它的有道理正像大多数这种原则一样，只是作为一个自明的原则，作为一个要与其他原则相平衡的原则。例如：我们要相对于提高生活的平均标准的原则，或相对于推进共同利益的原则来衡量它。但无论我们采取什么原则，都要考虑补偿的要求。它被看作是体现我们的正义观念的一个成分。差别原则当然不是补偿原则，它并不要求社会去努力抹平障碍，仿佛所有人都可期望在同样的竞赛中在一公平的基础上竞争。”② 但是，罗尔斯也承认，虽然差别原则不等同于补偿原则，但它却达到了补偿原则的某种目的。

然而，正是罗尔斯处理偶然因素的影响，特别是处理自然偶然的影响（差别原则主要处理自然偶然的影响）的特殊方式，使得他的理论在解决相关问题的时候具有某些模糊不清之处，结果让他的理论很容易受到一些主张激进平等主义的学者的批评。比如说，美国女性哲学家玛莎·努斯鲍姆（Martha Nussbaum）就对罗尔斯提出了批评。她指出，罗尔斯的契约论假定了签订契约的人都能够参与社会合作，都具有理

---

① 罗尔斯强调“差别原则表达了一种互惠的观念，它是一个互相有利的原则，虽然初看起来它显得相当偏爱最少受惠者”，除了“相互有利”，互惠性的概念在罗尔斯的正义理论中还特别地包含着“对等性”这一层含义。参见约翰·罗尔斯. 正义论［M］. 何怀宏，何包钢，廖申白，译. 修订版. 北京：中国社会科学出版社，2009：78.

② 约翰·罗尔斯. 正义论［M］. 何怀宏，何包钢，廖申白，译. 修订版. 北京：中国社会科学出版社，2009：77.

性，从而排除了那些没有能力参与社会合作、不具有健全理性的人。被排斥在罗尔斯方案之外的人包括残疾人、智障人士等，在真实的世界中，这是一些可能会被永久性地排斥在劳动力市场之外，因而永远无法在社会合作中发挥积极作用的个人。

对罗尔斯的方案提出批评的还有美国法学家、政治哲学家罗纳德·德沃金（Ronald Dworkin）。德沃金指责罗尔斯的差别原则没有仔细区分那些因为遭遇自然灾害和疾病（原生运气）而陷于困境的人，以及那些由于自身的偏好而选择过昂贵的生活（选择运气）进而陷入困境的人。在德沃金这样的拥护运气均等主义的自由主义者看来，罗尔斯赞同的分配方式既不够钝于禀赋，也不够敏于志向；不仅为那些不应得的自然禀赋留有太大空间（不够钝于禀赋），而且为选择和努力留下太小的空间（不够敏于志向）。

第一，罗尔斯的正义理论不能弥补自然的不平等。罗尔斯的差别原则理应使自然禀赋不占优势者获益，但我们无法判断每个人的禀赋状况。所以，在罗尔斯那里，社会最不利者的界定实际上是以社会基本善的不利为标准的，而不包括人们的自然禀赋上的劣势。因此，根据罗尔斯的差别原则，在社会基本善上的最不利者应该得到补偿，但是并不必然要求使那些在自然禀赋上的最不利者得到补偿。比如，在收入（属于社会基本善的一种）上并不处于最不利者地位但患有先天疾病的人并不能得到社会的补偿。而这些人所得到的收入其实远远不足以补偿他们的医疗负担。在社会基本善上的最不利者，有可能是自然禀赋上的最不利者，也可能不是。虽然前者出现的概率相对较大，但也不能忽视后者的存在。

第二，罗尔斯的正义理论对人们的选择进行补贴。罗尔斯要求对所有最不利者进行补贴，不论导致这种不利地位的原因是不是这些人的选择和努力程度。例如，我们假设有“农夫甲”与“网球爱好者乙”两人，甲和乙最初都有一个农场，甲用心经营，获得相对丰厚的收入；而乙是一个网球爱好者，为了维持经常打网球的生活方式，他很快荒废了农场，最后卖掉了农场，生活窘迫。按照罗尔斯的正义理论，乙是最不利者，他应该得到补偿，而甲有义务提供这种补偿。也就是说，甲有义务为乙的昂贵生活方式买单。这明显是与我们日常的直觉相背离的。

第二节　德沃金的资源平等理论

与福利平等理论相对，德沃金将他的正义理论称为资源平等（equality of resources）理论。与罗尔斯一样，他也主张对外部资源进行某种程度的平等分配，“平等的关切要求政府致力于某种形式的物质平等”①。但德沃金的方案在处理各种偶然因素的影响方面，或者说在体现“敏于志向”和“钝于禀赋”的目标上做得更加彻底。关于“敏于志向”和“钝于禀赋”的理论目标，德沃金曾经对之作出过明确的阐述：“一方面，我们必须承受违反平等的痛苦，允许任何特定时刻的资源分配（我们也许可以说）敏于志向（ambition-sensitive）。也就是说，它必须反映人们作出的选择给别人带来的成本或收益，例如那些选择了投资而不是消费的人，或消费比较节俭的人，或以收益较高而不是较低的方式工作的人，必须允许他们保留从拍卖后的自由交易条件下作出的这些决定中得到的收益。但另一方面，我们不能允许资源分配在任何时候敏于天赋（endowment-sensitive），即让它受到有着相同抱负的人在自

① 罗纳德·德沃金．至上的美德：平等的理论与实践［M］．冯克利，译．南京：江苏人民出版社，2003：导论 4.

由放任经济中造成收入差别的那一类能力的影响。”① 德沃金接受“敏于志向”和“钝于禀赋”的观点，但是认为与罗尔斯差别原则不同的另一种分配结构更吻合这种理想，这种分配结构是由一种假想的“敏于志向”的拍卖和“钝于禀赋”的保险方案共同形塑的。

一、为选择承担代价：敏于志向的拍卖

德沃金主张的资源平等，首先是个人私有资源的平等，而不是政治权力这样的公共资源的平等。他承认这两类资源之间可以相互促进，而且私人所有制也需要从政治上加以确定，所以一种全面的资源平等理论应该找到一条能够整合私有资源与政治权力的途径。但是，此处只介绍他关于私有资源的平等理论。另外，值得注意的是，德沃金在讨论假想的私有资源平等分配的方案时，都假定了一种自由市场经济的存在。他认为，“资源平等分配的前提是某种形式的经济市场，它主要是一种分析手段，但在某种程度上也是一种实际的政治制度……作为大量不同的商品和服务之定价手段的市场，在任何富有吸引力的资源平等理论的阐释中都必须处在核心位置”②。

德沃金认为政治哲学的一般性论证应该始于生活和经验，始于现实生活中的真实问题。在政治上，他批评西方老一代的平等主义，因为这种平等主义主张一个政治共同体负有向全体公民表示平等关切的集体责任，但其解释平等关切的方式却忽略了公民的个人责任（不够敏于志向）。而新旧保守主义者都相信这样的个人责任，但他们对个人责任的解释却使集体责任受到了漠视（不够钝于禀赋）。伦理个人主义包括首

① 罗纳德·德沃金．至上的美德：平等的理论与实践［M］．冯克利，译．南京：江苏人民出版社，2003：94.

② 罗纳德·德沃金．至上的美德：平等的理论与实践［M］．冯克利，译．南京：江苏人民出版社，2003：68-69.

要性平等和具体责任的两个原则，德沃金要构想一种既能够体现首要性平等的原则，同时又能够反映具体责任原则的分配结构。首要性平等的原则并不主张人在所有的事情上相同或平等，它强调的是每一个人的人生都与其他人有着相同的重要性，一个政治社会要对全体公民一视同仁，施政者应给予所有公民平等的关切；具体责任原则认为在资源和文化所允许的范围内，一个人选择要过什么样的生活，应当由他自己来负责。“第一项原则要求政府采用这样的法律或政策，它们保证在政府所能做到的范围内，公民的命运不受他们的其他条件——他们的经济背景、性别、种族、特殊技能或不利条件——的影响。第二条原则要求政府在它能做到的范围内，还得努力使其公民的命运同他们自己作出的选择密切相关。”①

虽然德沃金言辞激烈地批评罗尔斯社会契约的论证（比如，德沃金曾经这样批评罗尔斯社会契约的论证，即假想的契约根本就不是实际契约的某一种形式，假想的契约根本就不是契约），但他在论证资源的平等分配时所使用的方法其实与罗尔斯原初状态的观念非常类似，也是一种“思想实验”。这种论证“主要以标准的哲学方式运用一些事例——它们就像是为阐明和检验理论假设而发明的人为事例”②。

为了验证如何在没有偶然因素影响的状态下实现资源的分配和转移，德沃金设计了一个荒岛市场拍卖的方法来实现这一目的。假设有一条船只在海上遇难，船上的幸存者被海水冲到了一个荒岛上，岛上没有人烟，但是资源丰富，而且大家都知道短期内不可能出现任何救援。这些幸存者为了在岛上共同生存下去，便接受了这样的一条原则：对于岛

① 罗纳德·德沃金．至上的美德：平等的理论与实践［M］．冯克利，译．南京：江苏人民出版社，2003：导论 7-8.

② 罗纳德·德沃金．至上的美德：平等的理论与实践［M］．冯克利，译．南京：江苏人民出版社，2003：导论 4.

上的任何资源，谁都不拥有优先权，这些资源只能在他们中间进行平等的分配。他们也接受对资源的平等分配需要满足“羡慕的检验标准”，即一旦分配完成，所有居民都宁愿保留自己那份资源而不要别人分到的那份。换言之，如果有任何居民宁愿选择别人分到的那份资源而不要自己那份，则资源的分配就是不平等的。德沃金还假设资源分配后都是为私人占有的，他建议先不考虑资源共有的情况。

但是，最初的资源平等分配，即便通过了“羡慕的检验”（envy test），也还是有可能没有实现平等关切。假设这群幸存者要从他们中间选出一个人来完成资源的平等分配，这个分配者在划分岛上资源的份额时，可以采取不同的组合，每一种资源组合都可能满足“羡慕的检验标准”。但由于每个人的偏好不同，他做出的资源组合可能会偏袒某些人的偏好。

我们可以举一个相当简化的例子，假设岛上只有甲、乙、丙三位幸存者，分配者来自他们中间的任何一位，但他处在“无知之幕”之下，无法确定自己的具体身份。分配者将鸡蛋和葡萄（假设无论是鸡蛋，还是葡萄，它们的大小都完全相等）两种资源进行组合，他给三个人都分配了等分的鸡蛋和葡萄，这样，每个人都希望保留自己的那一份资源，而不愿意选择别人的那一份，这样的分配满足“羡慕的检验标准”。但是，这种分配方案却有可能有利于某个人的偏好，而不利于其他人的偏好，比如甲对鸡蛋和葡萄是同等喜欢的，乙只偏好鸡蛋，而丙只偏好葡萄。甲喜欢这种鸡蛋和葡萄组合的分配份额，而乙和丙只喜欢单一的鸡蛋或葡萄的资源组合。最初的资源平等分配虽然通过了“羡慕的检验”，但这种分配方案只考虑了甲的偏好，而忽视了乙和丙的偏好，会使乙和丙感到在资源分配中没有受到平等的关切。

为了解决上述问题（以及其他的问题），德沃金认为，在设想最初的资源分配的方案时，需要补充进某种形式的拍卖或其他市场程序。让我们假定，岛上人们的自然天赋都相同；岛上的所有资源都将被拍卖；每个人都具有相同的购买力，比如都分到了 100 个能够充当货币的贝壳；人们将用手中的购买力通过竞价的方式购买最适合自己生活计划的那些资源；结果，每个人都购得自己最想要的那组拍卖品。每个人都不羡慕别人手中的拍卖品。拍卖的结果符合“羡慕的检验标准”。在这个论证中，以及在市场和资源平等的关系中，最重要的是人们以平等的条件进入市场。如果岛上的幸存者利用他们掌握的金钱（贝壳）相互争斗，或者如果有人偷盗别人的贝壳，就不能设想一种能够通过“羡慕的检验”的拍卖。而如此一来，平等划分资源在人们中间进行分配的方案，也将失去吸引力。

当然，在德沃金看来，平等拍卖的设计作为一种验证理论假设的技术，似乎为荒岛这种简单背景下做到资源平等提供了一种有吸引力的解释。但他仍不忘强调：“我们这里所讨论的设计完全是理论性的。我们的兴趣主要在于设计一种理想，一种描述这个理想并检验其内洽性、完备性和吸引力的方法。所以我们会忽略那些无损于这些理论目的的实践困难，譬如信息收集问题；也会简化那些不会推翻它们的反事实的假设（counterfactual assumptions）。但是我们应当努力指出我们简化的是什么，因为它们是重要的，特别是对于我们的设计在后来阶段中的第三种最具实践性的应用，我们在这个阶段考虑我们的理想在现实世界中的次优妥协。”①

---

① 罗纳德·德沃金．至上的美德：平等的理论与实践［M］．冯克利，译．南京：江苏人民出版社，2003：75-76.

二、补偿自然劣势：钝于禀赋的保险方案

即便我们承认敏于志向的拍卖是一种有吸引力的解释，它也只能够在其完成的那一刻实现资源平等。拍卖一旦结束，如果立刻让人们按照自己的意愿从事生产和交易活动，“羡慕的检验”马上就会失效。为了满足“羡慕的检验标准”，德沃金在资源的初始分配中并不考虑人们在自然禀赋上的差异，而是认为只要有一个完全竞争的拍卖市场的存在就能够保证一种“敏于志向”的平等分配。然而，人们在自然禀赋以及其他机遇方面（尤其是在适应市场的天赋和机遇方面）毕竟是存在差异的。“在生产别人需要的东西方面，有些人可能比其他人有更好的技能，他们从事交易来赚钱。有些人可能喜欢劳动，或他的劳动方式可能生产出更多可供交易的东西。有些人可能不喜欢劳动，或喜欢给他们带来较少收入的工作。有些人会保持健康，另一些人会得病，闪电会击中他们的农场却绕开别人的农场。诸如此类的原因，都会使某些人——譬如说不出五年——更喜欢别人而不是自己的那份。”① 可见，敏于志向的拍卖一旦完成，“羡慕的检验”就会立即失效。

资源平等分配的局面被打破后，在人们之间发生种种的变化，主要受两种运气的影响，即选择运气（option luck）和原生运气（brute luck）的影响。“选择的运气是一个自觉的和经过计算的赌博如何产生的问题——人们的损益取决于他是否接受自己预见到并且本来可以拒绝的孤立风险。原生运气则是个风险如何产生的问题，从这个意义上说它不同于自觉的赌博。如果我在交易所里买的股票上涨了，我就是交上了选择的好运。如果我被落下的流星击中，而我显然无法预测它的运行轨

① 罗纳德·德沃金．至上的美德：平等的理论与实践［M］．冯克利，译．南京：江苏人民出版社，2003：76.

道，我的运气就是原生的运气（即使我有任何理由知道它会落在哪里，我可以在被击中前躲开）。”① 也就是说，相对于选择运气的可避免性而言，原生运气是不可避免的。就像天空中落下一颗流星，无论我们知不知晓它的运行轨迹，都是不可避免的。

当然，这两种运气可以被看作是只有程度之别，而且我们有可能不知道如何描述一种特定的坏运气。比如说一个人患上了严重的疾病，我们可能很难简单地将之归咎于其生活上的某种坏习惯；如果可以做这样归因的话，我们就说他的患病是受到了选择运气的影响。不过，有一种手段能够将两者联系起来。德沃金指出：“如果能够利用保险的手段，倒是提供了一个把原生运气和选择的运气联系起来的纽带，因为决定购买或不购买灾难险，是一种经过计算的赌博。当然，保险不会消除这种差别。有人买了医疗保险而被不可预见的流星击中，他仍然是遭遇了坏的原生运气，因为他的情况比买了保险而无须使用更糟。但是，和他不买保险的情况相比，他有着更好的选择的运气，因为他的处境要好于他拒绝参与保险赌博的处境。”②

对于由两种不同的运气所引起的资源不平等，德沃金主张应该采取不同的态度。因为选择运气而带来的不同的收入和财富，属于个人责任的范围，政治社会无须对之进行纠正；但因为原生运气而产生的资源不平等，则是个人无法也不应该对之负责的，所以应当进行纠正和补偿。但是，德沃金并不赞同对后一种情况给予完全的补偿。拥有何种自然禀赋，这无疑是一种原生运气。德沃金当然也不会赞同对自然劣势进行完全的补偿。原因归结起来主要有二：其一，完全补偿自然劣势是不可能

① 罗纳德·德沃金. 至上的美德：平等的理论与实践［M］. 冯克利，译. 南京：江苏人民出版社，2003：76.

② 罗纳德·德沃金. 至上的美德：平等的理论与实践［M］. 冯克利，译. 南京：江苏人民出版社，2003：77.

的，有些自然劣势是无论多少资源都无法补偿的，比如智力缺陷。其二，完全补偿自然劣势是不应当的，有些补偿需要耗尽所有的资源，从而使其他人都无法追求理想的目标。德沃金并不像塞缪尔·谢弗勒（Samuel Scheffler）那样认为“在坏运气发生之后，人们应该获得完全的补偿，而是在风险发生之前尽可能使人们在对风险进行投保或反对坏运气的机会上尽可能平等，或者如果可能的话人们应该获得如果拥有那种机会的话应该获得的补偿”①。

德沃金的保险方案是：假想某种原初状态，其中无人知道自己的自然禀赋状况，谁都可能受制于种种自然劣势（他们处在“无知之幕”之后）；岛上的每个人都分配到了平等的资源份额（比如一百个贝壳），在竞买社会资源之前他们自愿拿出部分钱（贝壳）购买保险，从而抵御处于自然劣势的风险；最后，（在“无知之幕”打开之后）那些自然禀赋高的人，将为那些禀赋低的人提供补偿。但这是一种次优的方案，因为它无法完全补偿自然劣势。也许人们都愿意花一部分贝壳购买保险，以预防自然劣势的风险（完全不顾可能遭遇的风险，这是非理性的），但没有人会愿意把自己所有的贝壳都用来购买保险，因为若是如此的话，一旦发现自己没有遭受自然劣势，就没有资源可用来实现自己的生活目标了。德沃金的保险方案提供了补偿自然劣势的一条基本原则，即“我们致力于补偿自然劣势的社会资源的规模，应该受制于人们愿意从最初的份额中拿出来购买保险的分量”②。

德沃金认为他的保险方案是公平的，因为它是一种公平的决策程序的结果。“这种方案产生于一种平等待人的程序，排除了对资源的明显

① DWORKIN R. Equality, Luck and Hierarchy [J]. Philosophy and Public Affairs, 2002, 31 (2).

② 威尔·金里卡. 当代政治哲学 [M]. 刘莘，译. 上海：上海译文出版社，2011: 85.

不公平的占有，这样，就没有人在购买保险时能够居于特权地位。我们面临这样一种希望：每个人都认识到并且承认，通过自己在这种假想的平等地位下的选择意愿所确定的补偿是公平的。”① 不能完全补偿自然劣势，这无疑是一种遗憾，但我们不能以此为由（换言之，就是用一个绝对平等的前提预设）来批评德沃金保险方案的不彻底性，如果要想批评德沃金的方案，就要找到他的方案之外的其他更好的可能性。

在德沃金看来，理论来自对现实问题的反思，它的作用在于为改善现实的情况提供一种理据充分的可行思路。在真实的世界中，我们或许可以利用税收机制来再现德沃金的保险方案（或者说，利用保险方案来理解和改善现实的税收制度）。可以通过收取所得税的方式，来支付人们在假想状态下愿意支付的保险费。各种福利、医疗保障、失业救济方案可算是保险支出的几种途径，它们旨在为遭受自然劣势但却被保险覆盖的人们提供相应的保护。

三、税收与再分配：资源平等主义的适用

德沃金认为，因原生运气所带来的不利结果是个人不应该对之负责的，所以政治社会应该对此进行补偿。德沃金重点关注的坏的原生运气是残障（disabiltiy）。当然，自然禀赋上的劣势也可以算作一种广义的残障。德沃金在讨论对残障的补偿时，并不考虑完全的补偿。这可能会显得对残障者的关心不够，毕竟，残障者的境况并非他们选择的结果。但是，在德沃金的保险方案中，如果为了实现完全的补偿，企图为残障者提供最高可能额度的保险，就将导致“聪慧者被奴役”（slavery of the talented）的结果。

---

① 威尔·金里卡．当代政治哲学［M］．刘莘，译．上海：上海译文出版社，2011：85.

试图补偿自然劣势，将天赋视为“共同的资产”，虽然这是自由平等主义的理论极容易受到（比如自由至上主义）攻击的一个观点，但却是所有的自由平等主义者（其中也包括在处理这个问题时态度相对激进的运气均等主义者）都接受的一个观点。比如，罗尔斯就主张“把天赋的分布看作是在某种意义上的一种共同资产，可以共享这种由这种天赋分布的互补性带来的较大社会与经济利益”①。德沃金通常被视为第一个运气均等主义者，他的平等方案要比罗尔斯的方案更加激进。不过，提供完全补偿的保险方案无疑更加激进，以至于不可能成为一种更好的选择。因为如果要为残障者提供最高可能额度的保险，保险方案就会变成支配高天赋者生活的决定因素。那样的情况，正如金里卡所指出的：“天赋居然成为一种负担并限制着高天赋者的选择，天赋不再是扩展选择的资源。”② 如果采取完全补偿的保险方案，那么，在“无知之幕”打开之后，假如（在类似于罗尔斯的原初状态下）决定分配方案的人恰好就是高天赋者，他所面临的结果将是他无法承受的。因此，应当平等地对待残障者和天赋正常者，并对两类人群给予平等的关切。即使残障者会羡慕天赋正常者，也不能要求再分配最大限度地有利于残障者。

德沃金的资源平等理论通过假想的拍卖市场和虚拟的保险市场来实现一种“敏于志向”和“钝于禀赋”的分配目标，但他的资源平等理论完全是一种理想的分配正义观念，是一种反事实的理论（counterfactual theory）。比如关于拍卖市场，德沃金认为：“任何复杂的有机社会，就

① 约翰·罗尔斯．正义论［M］．何怀宏，何包钢，廖申白，译．修订版．北京：中国社会科学出版社，2009：78.

② 威尔·金里卡．当代政治哲学［M］．刘莘，译．上海：上海译文出版社，2011：86.

其历史而言，都与平等拍卖相去甚远，因而没有可比性。”① 事实是，在这个世界里，大多数东西已各有其主，几乎没有任何物质资源处在最抽象的形式中，全面的拍卖几乎不可想象。所以，我们实际上很难严格地参照德沃金的这个分配正义理论来实践它。那么，正义理论的实践意义又存在于何处呢？德沃金认为，我们应该在资源平等理论的基础上提出一种“改进理论”（a theory of improvement），也就是说，为了使现实的情况朝着理想的资源平等理论方向迈进，需要设计出一种技术上可行的“可为之辩护的平等分配”正义观。“这种正义观要求政府通过法律、税收和社会保障体制等手段来消除个体之间在运气上的差异，确定个人应为之承担的个人责任，从而实现平等待人的资源分配。”②

在实践方面，德沃金明确提出可以利用税收机制来再现他的保险方案。具体来讲，就是通过税收的方式来为那些拥有自然劣势的人支付保险费——支持医疗、教育、住房、就业等方面的福利制度。这种做法的特点是，在接受市场经济导致的不平等的前提下，对这些不平等的境况进行修正，也就是通过税收使资源向弱势群体转移。但是，税收机制存在以下困难：

第一，在真实世界里根本无法测量人们自然天赋上的相对优势与劣势，因为天赋总是与人们开发天赋的努力混合在一起的。正如罗尔斯在讨论道德应得的时候所指出的：“按照直觉观点，最接近奖赏道德应得的准则似乎是按努力分配（或更恰当地说，按真诚的努力分配）的准则。不过，我们仍然很清楚地看到：一个人愿意做出的努力是受到他的

① 罗纳德·德沃金．至上的美德：平等的理论与实践［M］．冯克利，译．南京：江苏人民出版社，2003：74.

② 董玉荣．资源平等分配的社会正义观研究［M］．镇江：江苏大学出版社，2015：122.

天赋才能和技艺以及他可以选择的对象的影响的。在其他条件相同的情况下，禀赋较佳的人更可能认真地做出努力，而且似乎用不着怀疑他们会有较大的幸运。奖励德性的观念是不切实际的。”① 在真实的世界里，就像我们很难将一个人的努力和他的自然天赋截然分割开来一样，我们也很难从一个人的成就中将他的自然天赋和努力的影响完全区分开来。因此，要将自然天赋单独地剥离出来，并对人们自然天赋上的相对优势与劣势进行测量，这根本是无法实现的。

第二，自然残障并非导致境况不平等的唯一因素（假设社会境况大致是公平的），一些无法预见的坏的原生运气在未来还会导致境况不平等，而这是很难用税收机制补偿的。另外，“敏于志向”和“钝于禀赋”这两个目标之间有一个相反的张力：越是企图使分配敏于志向，某些居于自然劣势地位的人就越有可能遭受不应得的惩罚，反之亦然（即越是企图使分配钝于禀赋，那些拥有正常天赋的人就越有可能遭受不应得的惩罚）。我们很难在“敏于志向”和“钝于禀赋”这两个目标之间找到一个合适的平衡点。总之，德沃金保险方案的理想并不比罗尔斯的差别原则更具有明确的实践意义。

总的来讲，在实践方面，德沃金的政策建议比较温和，因为他的建议是在承认当前不平等的前提下进行再分配。而这与他的原则并不完全一致，因为他的原则要求在首先确保人们天赋平等和资源平等的前提下才认可不平等。当然，我们也可以说，德沃金的原则本身就是反事实的原则（counterfactual principle），根本就无法直接地加以实施。但是，为了逼近他理想的原则，在真实的世界中应该采取哪些具体的再分配政策呢？德沃金给出的答案非常有限。德沃金提出的政策建议“主要调整

① 约翰·罗尔斯．正义论［M］．何怀宏，何包钢，廖申白，译．修订版．北京：中国社会科学出版社，2009：244.

的是在市场经济的前提下导致的不平等，试图通过税收的方式来实现资源的转移，从而补偿这种分配的不平等，也就是说，德沃金是把市场经济条件下的收入不平等作为一个既定事实后，再去探讨如何制定针对优势群体的某些不平等收入的税收政策，应该如何把这些不应得的收入转移给弱势群体。但是，德沃金却并没有提出实现这一目的的具体政策建议，在这个意义上，他的政策处方却是'惊人的保守'。"①

针对德沃金资源平等理论在实践方面的不足，其他政治哲学家提出了一些更为具体的措施。比如，布鲁斯·阿克曼（Bruce Ackerman）等人提出了风险分担的社会（stakeholder society），主张在每个人高中毕业的时候就发放 8 万美元的风险金——由 2%的财产税来保障。菲利普·冯·帕瑞斯（Philip Van Parijs）和约翰·罗默（John Romer）等人提出了基本收入（basic income）的概念。其中，帕瑞斯主张无条件为每个人提供基本收入，比如每年 5000 美元，相当于风险金的利息；罗默以息票资本主义（coupon capitalism）的名义，将"风险金"和"基本收入"的模式进行了合并，提出个人成年之后将获得一定量股票，股票可以交易，但不能兑成现金提走，死亡时每个人的股票收还国库重新分配，股票能为每个家庭产生约 8000 美元年收入。

其他类似的政策建议还包括支持补偿教育（compensatory education）和平等主义的计划者（the egalitarian planner）。前者也是罗默支持的一种方案，即对贫穷家庭和社区的孩子提供教育方面的补偿投资。大多数西方国家在教育方面进行了平等的投资，但是因为富裕家庭倾向于自己提供大量的教育资金，因此，需要给予贫困家庭大得多的投入。后者是罗默提出的另一种实践德沃金理论的主张，根据与环境相关而非与选择

---

① 董玉荣. 资源平等分配的社会正义观研究［M］. 镇江：江苏大学出版社，2015：124.

相关的因素（如残障、性别、种族、年龄、父母经济阶层或教育水平等）将社会划分为不同的群体，如 A 群体和 B 群体，A 群体为父母受过大学教育的 60 岁的健康白人男性，B 群体为父母只受过小学教育的 60 岁的健康黑人女性。两个群体的人在收入上存在很大的差异，在 A 群中，最富裕的 10%年收入超过 10 万美元，最低收入的 10%年收入不到 4 万美元，中间收入 6 万美元；在 B 群中，最富裕的 10%年收入超过 3.3 万美元，最低收入的 10%年收入不到 1 万美元，中间收入 2 万美元。每个群体内部的收入不平等是选择造成的，因为不存在自然境况的因素；但是，A 群中的最高收入者和 B 群中的最高收入者之间的收入不平等则是由自然境况造成的，因为他们都同样努力。同样，A 群和 B 群中的最低收入者的差异也是由自然境况造成的，因为他们都不够努力。因此，A、B 群中的最高收入的 10%的人应该收入相同，最低收入的 10%也应该相同，中间段的收入也应该相同；与此同时，三个等级之间的差别因为是选择和努力造成的，因而是合理的。

我们最后来对本章的内容做一个小结。功利主义因为追求利益最大化而可能牺牲人们在社会合作的利益分配中的公平份额，所以罗尔斯的正义理论旗帜鲜明地反对功利主义。通过对功利主义和直觉主义的超越，罗尔斯建立了一种确立公平份额的方式，但是他的正义理论在“钝于禀赋、敏于志向”的问题上实现得不够充分。德沃金的理论在这一点上比罗尔斯做得相对更好。虽然德沃金的理论在实现“钝于禀赋、敏于志向”的目标上更前进了一步，但是他的理论仍然不是一种最理想的方案，而是一种次优的选择。因为在人们之间的不平等问题上，哪些是自然禀赋造成的，哪些是选择造成的，这些问题还难以得到解决。此外，他的理论在实践方面的指导意义也还发挥得比较有限。即便是其他支持平等主义的政治哲学家补充的那些更为具体的措施，由于种种可能的原因（考虑到种种技术上的障碍以及人们道德动机上的不足），对于它们的实施，我们亦难持一种乐观的态度。

第二章

自由至上主义

“自由至上主义”（Libertarianism），一般指的是那种捍卫市场自由，反对用再分配的手段去实现自由主义的平等理论的观点。然而，并非所有支持自由市场的人都是自由至上主义者，因为他们并不全都接受自由至上主义的如下观点：自由市场在其本性上是正义的。[①] 支持自由市场的不同的理由包括以下两点。其一，自由市场可以实现更大效率，增加社会财富和更大满足人们的效用。一些功利主义者支持这一主张，但是有的功利主义者也支持再分配（在支持再分配的功利主义者看来，穷人拥有的货币的边际效用大于富人，所以如果将富人边际效用最低的收入转移给穷人，就能够增加全社会的总效用）。其二，自由市场有助于降低国家暴政的可能性。比如新自由主义者弗里德里奇·哈耶克（Friedrich August Hayek）就认为，政府控制经济的范围越大，越容易导致极权，从而走向“通往奴役之路”（但是经验表明并不必然如此）。以上两种支持自由市场的理由都是工具性的，即认为自由市场的正当性在于它能促进某些其他目的，要么是效用最大化，要么是减少暴政。与其他右翼理论不同，自由至上主义认为赞成自由市场和反对再分配的理由在于，人们有自由地处置自己财产和劳务的权利（这是自由市场的

① 威尔·金里卡．当代政治哲学［M］．刘莘，译．上海：上海译文出版社，2011：108.

内在要求)，而再分配是对这一权利的侵犯。自由至上主义把捍卫这种个人权利视为正义。正如为自由至上主义提供了系统辩护的当代美国政治哲学家罗伯特·诺奇克（Robert Nozick)，在《无政府、国家和乌托邦》的前言一开始就指出的："个人拥有权利，而且有一些事情是任何人或任何群体都不能对他们做的（否则就会侵犯他们的权利)。这些权利是如此重要和广泛，以致它们提出了国家及其官员能够做什么的问题，如果有这类问题的话。"①

第一节　诺奇克对自由至上主义的证明

诺奇克的自由至上主义沿袭了一种自然权利的个人主义传统，这一传统是由约翰·洛克（John Locke)、伊曼努尔·康德（Immanuel Kant)、约翰·密尔（John Stuart Mill）等古典自由主义的政治思想家所开创的。但是，19 世纪后期以来，这一传统呈现出式微的趋势。直到 1974 年诺奇克《无政府、国家和乌托邦》(*Anarchy*，*State*，*and Utopia*）一书的出版，才使得这种趋势得到了一定程度的扭转。长期以来，自然权利的个人主义传统都被严重忽视了，以至于美国政治思想家理查德·塔克（Richard Tucker）这样赞扬诺奇克的理论贡献："除罗伯特·诺奇克是个例外，在盎格鲁-撒克逊世界里几乎一个世纪没有主要的理论家将自己的著作奠基在权利的概念之上，并且当绝大多数哲学家细究过权利的概念后，它似乎很快就萎缩到其他较易驾驭的概念中去了。"②

① 罗伯特·诺奇克．无政府、国家和乌托邦［M］．姚大志，译．北京：中国社会科学出版社，2008：前言 1.

② 理查德·塔克．自然权利诸理论：起源与发展［M］．杨利敏，朱圣刚，译．长春：吉林出版集团有限责任公司，2014：1.

一、诺奇克的“资格理论”

诺奇克“资格理论”的核心要旨是：如果每个人都对其财物（财产）拥有资格（entitlement），那么源于人们自由转让（交换或馈赠）的分配结果就是正义的。

对于市场中那些通过正当途径获得的财物，经过自由交换的分配结果就是正义的。那么什么叫作“通过正当途径获得财物”呢？我们可以说，是经由自愿交换从他人那里获得的；那么他人又是如何“通过正当途径获得财物”的呢？同样也可以说，他人是经由自愿交换而获得的。如此类推，最终必然会追溯到初始财产权。受人馈赠的情况则与此类似。

另外，并非所有的个人财富都是通过正当途径获得的，比如有些人偷盗别人的东西，欺骗他们，奴役他们，抢夺他们的产品，不让他们过他们愿意过的生活，或以武力阻止他们在交易中进行竞争。以上途径的任何一种财富转移，都是不被允许的。此外，有些人最初获得持有物的方式也是有问题的。过去的不正义的存在，需要我们对持有的不正义进行矫正。

诺奇克的“资格理论”综合了以上三种情况，包括三个原则：一是“转移的正义”（justice in transfer）原则，即任何通过正义的途径所获之物都可自由地转移；二是“初始获得的正义”（justice in acquisition）原则，即为人们最初是如何获得那些可以按照第一原则而转移的事物提供解释；三是用于对过去非正义的矫正的“矫正的正义”（justice in rectification）原则，即如何处理通过不正义的途径所获之物或通过不正义途径而转移的财产。三个原则的结合就意味着，如果人们当下的财产是通过正当途径获得的，分配正义的公式就是“各尽所择，按择所予”。

自由主义的平等主义既强调正义的分配必须敏于人们的选择（志向），但同时也主张它应钝于禀赋。诺奇克只推崇前一点，却不承认后一点。在诺奇克看来，如果一个人的财产是通过正当途径获得的，那么他就有权自由地处置它们，即便别的人正处于饥寒交迫的绝望境地，也不能强制性地要求他施以援手，除非他出于怜悯之心自愿帮助他人。

处于自由平等主义阵营的罗尔斯，强调自由和平等的个人，也就是参与社会合作的各方，要“分享彼此命运”。他的“差别原则实际上代表这样一种观点：即把天赋的分布看作在某种意义上的一种共同资产，可以共享这种由这种天赋分布的互补性带来的较大社会与经济利益”①。罗尔斯强调：“在公平的正义中，人们同意相互分享各自的命运。他们在设计制度时，只是在有利于共同利益的情况下，利用自然和社会的偶然因素。”② 诺奇克对罗尔斯的观点不以为然，认为“分享彼此命运”实际上意味着奴役性劳动，即强迫那些禀赋较好的人为那些不具有类似优势的人做无偿的劳动。

诺奇克声称他的“资格理论”是一种历史的、非模式化的分配正义理论。“分配正义的资格理论是历史的，一种分配是不是正义的，依赖于它是如何发生的。相反，正义的即时原则（current time-slice principles）主张，分配正义是由东西如何分配（谁拥有什么东西）决定的，而其对此的判断则是由某种（或某些）正义分配的结构原则做出的。”③ 即时原则，如功利主义，只注意分配的结果，主张分配的正义取决于分配的结构。比如，假设有 A、B 两人，一个 A 拿 10 份、B 拿 5

① 约翰·罗尔斯．正义论［M］．何怀宏，何包钢，廖申白，译．修订版．北京：中国社会科学出版社，2009：77-78.

② 约翰·罗尔斯．正义论［M］．何怀宏，何包钢，廖申白，译．修订版．北京：中国社会科学出版社，2009：78.

③ 罗伯特·诺奇克．无政府、国家和乌托邦［M］．姚大志，译．北京：中国社会科学出版社，2008：184.

份的分配，同一个 A 拿 5 份、B 拿 10 份的分配，对于功利主义来说，具有同样的结构，从而具有同样的功利效果，所以两个分配是同等正义的。与即时原则相对，历史原则不是按照分配的即时结果来评判分配是否正义，而是考虑这种分配是如何演变而来的，考虑这个过程中与分配相关的各种信息，因而在诺奇克看来更加可取。

分配正义的资格理论不但是历史的，而且还是非模式化的。按照“道德功绩”（moral merit）进行分配的原则、按照“对社会有用”进行分配的原则、按照“道德功绩、对社会有用和需要的权重总合”进行分配的原则，都属于模式化的原则。“如果一种分配原则规定分配随着某种自然维度、自然维度的权重总和或自然维度的词典式序列而变化，那么让我们把这种分配原则称为模式化的（patterned）。现在我们说，如果一种分配按照某种模式化的原则进行，那么这种分配就是模式化的。”① 这些“自然维度”包括道德价值、需要、贡献、努力程度，等等。

诺奇克认为他的“资格理论”是非模式化的。“一些人收到了他们的边际产品，一些人在赌博时赢了，一些人得到了其配偶收入的一部分，一些人收到了基金会的赠送，一些人收到了贷款的利息，一些人收到了崇拜者的礼物，一些人收到了投资的回报，一些人从他们拥有的东西中挣了很多，一些人找到了一些东西，等等，在这个时候，所产生的持有状态并不是模式化的。”② 各种各样的模式并行于持有状态之中，因而持有的变化在很大程度上将由各种模式变项来加以解释。由于分配的模式极其多样化，所以也就变成非模式化的了。在诺奇克的“资格

① 罗伯特·诺奇克．无政府、国家和乌托邦［M］．姚大志，译．北京：中国社会科学出版社，2008：186-187.

② 罗伯特·诺奇克．无政府、国家和乌托邦［M］．姚大志，译．北京：中国社会科学出版社，2008：188.

理论”中，多种分配模式同时并存的局面使得没有任何一种模式能够解释所有的分配和持有，结果分配成了一个分散的自然的过程，所以它就是非模式化的。

根据诺奇克的“资格理论”，如果初始获得和自由转移都是正义的，那么最后的结果就是正义的，国家不能实施再分配，从而剥夺正当的财产。国家的作用是避免暴力、偷窃、欺诈以及对契约的强制执行，国家可以为了完成这些功能征税。但国家发挥的作用不能超越这个范围，比如通过征税提供像公共教育、公共保健、公共交通、公园等公共产品和公共服务，这些都不属于国家的职责。这样的国家是“最低限度的国家”（minimal state），类似于古典自由主义者所倡导的“守夜人国家”（night-watchman state）。

乔纳森·沃尔夫对诺奇克做过专门的研究，在讨论诺奇克的国家观时，他提出，现代政府的不同分支机构分别履行着不同的职责。“首先，政府的有些分支在于保护公民不受侵犯：国防部保护公民免受外来侵略，而警察与法庭则保护公民免受相互侵犯。其次，政府的某些分支用来提供各种类型的公共服务，如道路、消防、图书馆，目的在于改善每个人的生活质量。再次，尚有些政府活动的领域在于照顾那些因某种原因如疾病、贫困、失业而不能照顾自己的公民。最后，政府也可以在某种程度上监督个人的生活。在大多数国家中存在有一些监察形式（特别是影片的监察），在许多国家中某些特定药物是被禁止的，而在几乎所有国家中都施行某种义务教育。在这些领域政府为了人民自身的利益而强制他们做或不做某些事情。”①

19世纪以来，西方政府的职能范围不断扩展，政府也逐渐变成了“大政府”，即同时包括了上述四类分支机构。我们可以参照政府的四

① 乔纳森·沃尔夫．诺齐克［M］．王天成，张颖，译．哈尔滨：黑龙江人民出版社，1999：7.

类分支机构，来理解四种不同的政府职能。四类分支机构对应的四种不同的政府职能如表 2-1 所示：

表 2-1 政府机构的分支及其对应的政府职能

政府机构的分支	对应的政府职能
第一类分支	保护公民不受侵犯
第二类分支	提供产品和服务，使每一个人都从中受益
第三类分支	提供产品和服务，但只有社会上一部分人从中受益，而且建立在那些不受益的人的付出之上
第四类分支	对所有的人提供产品或禁止某些事，不管他们同意还是不同意

诺奇克的“最低限度的国家”可以征税，但是只能用于维持上表中的第一类分支，即用于保护个人及其财产的权利。“国家不可以使用强制手段迫使某些公民援助其他公民，也不可以使用强制手段禁止人们追求自己的利益和自我保护。”① 当然，作为一种理论主张，“最低限度的国家”中的政府与西方真实世界的政府是不一样的。

为了证明自由至上主义的“资格理论”，诺奇克也给出了两种不同类型的论证：一种是诉求直觉的论证，因为诺奇克主要是通过“张伯伦”篮球赛的例子来进行这一论证的，所以这个论证通常又被称为“张伯伦论证”；另一种是诉诸自我所有权的论证，这一论证的一个最核心的观点是，我有权拥有自己的天赋和能力，同时也有权拥有使用这些天赋和能力产生的结果。诺奇克的“自由至上主义”肯定的不是自由本身，而是某种类型的自由，其范围是由自我所有论（the thesis of self-ownership）所界定的。

① 罗伯特·诺奇克．无政府、国家和乌托邦［M］．姚大志，译．北京：中国社会科学出版社，2008：前言 1.

二、诉求直觉的“张伯伦论证”

在《无政府、国家和乌托邦》的第七章“分配正义”中，诺奇克举了一个美国篮球明星威尔特·张伯伦的例子，来分析他的“资格理论”为何要优于非历史的、模式化的理论。诺奇克假设有一种为我们所青睐的那种分配，称为 D1。“在这种分配中，也许每个人都拥有平等的份额，也许份额随着某种你珍视的维度而变化。”① 总之，它是我们赞成的那一种分配，但未必是资格观念所赞成的那一种分配。

> 现在我们假设，威尔特·张伯伦（Wilt Chamberlain）是篮球队所极其需要的，具有巨大的票房价值。（也假设契约有效期为一年，球员都是自由人。）他同一支球队签下了如下合同：在每一个主场，每一张售出的门票价格中有 25 美分归他。（我们略去了他是否会“糊弄”老板们的问题，让他们照顾好自己吧。）这个赛季开始了，人们兴高采烈地去观看他的球队比赛。在他们买票的时候，每次都把门票价格中的 25 美分单独丢进一个专门的盒子，而盒子上写有张伯伦的名字。他们看他打球感到非常兴奋，对他们来说，门票价格是物有所值。我们假设，在一个赛季，有 100 万人观看了他的主场比赛，威尔特·张伯伦挣了 25 万美元，这个数额要比平均收入大很多，甚至比任何一个球员的收入也大很多。他有资格得到这笔收入吗？②

---

① 罗伯特·诺奇克．无政府、国家和乌托邦［M］．姚大志，译．北京：中国社会科学出版社，2008：192.

② 罗伯特·诺奇克．无政府、国家和乌托邦［M］．姚大志，译．北京：中国社会科学出版社，2008：192-193.

张伯伦获得了25万美元的额外收入，这一新的分配称为D2。D2是不正义的吗？如果是不正义的，为什么？在D1中，每个人都有资格控制他所持有的资金，因为这是我们赞成的分配（我们出于论证的目的也假定它是可以接受的）。这些人中的每一位都愿意从他们的钱中拿出25美分给张伯伦，他们原本可以拿这笔钱去干点别的什么事情，比如买一些糖果、看一场电影，或者买几份娱乐杂志，但是他们中间至少有100万人都把它给了威尔特·张伯伦，以换取观看篮球比赛的愉悦。

如果D1是一种正义的分配，而且人们自愿地从D1移动到D2，从他们在D1得到的份额中转让一些给别人，那么D2不也是正义的吗？如果人们有资格处理他们（如在D1中）对之拥有资格的资源，那么这不是也意味着他们有资格把其中的一些给予威尔特·张伯伦，或者同他进行交换？其他任何人能基于正义对此抱怨吗？“其他每一个人在D1中已经拥有他的合法份额。在D1中，对于任何人所拥有的东西，任何其他人都无法基于正义提出要求。在某些人把某些东西转让给威尔特·张伯伦之后，第三方仍然拥有他们的合法份额，他们的份额并没有变化。通过什么样的过程，这样一种两个人之间的转让能够引发第三方对所转让的部分提出基于分配正义的合法要求，而在转让之前第三方对这两个人的持有都没有提出任何基于正义的要求？”① 对于上述问题，除了后面两个，诺奇克全部给出了肯定的答案。对于后面两个问题，诺奇克认为，若是允许第三方对两个人之间的转让提出要求，就会包括对自愿的资源转移不断地进行干预，而这必将侵犯人们的权利。

概而言之，诺奇克“张伯伦论证”的基本思路是，假设D1是我们所青睐的那种分配，那么人们自愿地处理其拥有资格的资源所形成的新的分配，也就是D2，也是正义的，其他任何人都不能基于正义对此抱

① 罗伯特·诺奇克．无政府、国家和乌托邦［M］．姚大志，译．北京：中国社会科学出版社，2008：193.

怨。这一论证吻合我们关于选择的直觉。

诺奇克的观点是，假定一种恰当的分配状态（如D1），从这种状态出发人们自愿转移的结果就是正义的。但是，这里还存在另外一个直觉：让（社会中的）一些人因为不应得的不平等遭受痛苦，这似乎是不公平的。比如，张伯伦在赚取25万美元的同时，（他所处的社会中的）一些人还受着饥寒交迫之苦，这并非因为他们一无是处（或者说由于懒惰），而是因为他们碰巧拥有比较少的天赋（也许并非不具有天赋，而是缺乏市场青睐的技能），因此无法获得成功，这是不公平的。诺奇克承认这种直觉，但是他指出：

> 每个人对诸如机会平等和生命等事物都拥有一种权利，并且可以强制拥有这种权利，对于这样的说法，主要的反对理由是：这些“权利”需要事物、物资和行为作为其基础，而别人可能对它们拥有权利和资格。任何人对这样的东西都不拥有权利，即它的实现需要利用别人已经对之拥有权利和资格的事物和行为。别人对特殊事物（这支铅笔，他们的身体，等等）的权利和资格，以及他们愿意如何实行这些权利和资格，确定了任何特定个人和他能够得到的资源的外部界限。如果他的目标需要使用这些别人对之拥有权利的资源，那么他必须征得他们的自愿合作。①

对于诺奇克来说，财富并不像蓄水池中储存的一池子水那样是一个可供分配的定额，它在被创造出来的时候已经是有主的了。一个人运用自己的脑力和体力去改造自然界从而创造出财富，这些财富就是属于他的。对于生活的“公平前景”的一般权利在直觉上是有吸引力的，但

① 罗伯特·诺奇克．无政府、国家和乌托邦［M］．姚大志，译．北京：中国社会科学出版社，2008：286.

为了实施这种一般的权利，就必然会侵犯社会中一部分人的财产权利。但是，个人自由地处置财产和劳务的权利是不可侵犯的。这种绝对的财产权的主张是建立在自我所有权原则的基础上的。如果要主张对于生活的“公平前景”的一般权利，就必须证明财产权不是绝对的。

在罗尔斯看来，在确定社会正义的要求之前，并不存在绝对的财产权（property right lies outside social justice）。这样一个直觉是与正义相关的，我们不能因为碰巧拥有天赋（或者说碰巧拥有为市场所青睐的天赋）——这是完全偶然的，就声称在“道德上应得”（morally desert），我们通过努力而获得的“奖品”（如从市场中赚取的财富）。所以，我们的财产权也不是绝对的财产权，毋宁说它只是一个正义的法治社会（或者说“一种作为公共规则框架的正义合作体系”）给予个人的一种“合法期望”（legitimate expectation）。“在此意义上，较幸运者有资格要求更好的状况，这些要求是由社会制度建立的合法期望，共同体是有义务实现它们的。但是这种意义上的‘应得’是一种法律正义上的权利（entitlement）。它预先假设了合作体系的存在，无关于是否从一开始合作体系的设计就要符合差别原则或某一别的标准的问题。”①

罗尔斯拒绝用道德应得来论证正义，他使用了大量的文字来表述反对由自然偶然的因素支配人们生活的直觉，上一章我们已经引用了一段肯定角度的表述，这里我们再引用一段否定角度的表述：“我们并不应得自己在自然天赋的分布中所占的地位，正如我们不应得我们在社会中的最初出发点一样——认为我们应得能够使我们努力培养我们的能力的优越个性的断言同样是成问题的，因为这种个性在很大程度上依赖于幸运的家庭和早期生活的环境，而对这些条件我们是没有任何权利的。

① 约翰·罗尔斯．正义论［M］．何怀宏，何包钢，廖申白，译．修订版．北京：中国社会科学出版社，2009：79.

‘应得’（deserve）的概念看来不适用于这些情况。的确，较有利者对他们的天赋资质有一种权利，就像其他所有人也都有这样一种权利一样，这种权利是包括在第一原则保护个人的完整性的基本自由之下的。所有较有利者对他们符合一个社会合作的公平体系的规则的所获是有权利的。但我们的问题是这一体系亦即社会的基本结构要如何设计。”①

在讨论社会合作的公平体系亦即社会的基本结构如何设计时，罗尔斯承诺了一种对于生活的“公平前景”的一般权利，但诺奇克坚决否认这种一般权利具有存在的合理性。在他看来，如果我们对某物的获取是正当的，我们就对该物拥有绝对的财产权，我们可以按照自己的意愿自由地对它加以处置，就算这些转移很可能会导致在收入和机会分配方面的极大的不平等。由于人们与生俱来就有不同的自然天赋，有些人将得到丰厚的报偿，而缺少市场技艺的人将得到很少的报偿。由于自然天赋方面的这些不应得差异，一些人将飞黄腾达，而另一些人将忍饥挨饿。而这种不平等将进一步影响到后代的机会。一些人生而享有特权，另一些人生而承受贫穷。这些都是不可避免的，在道德上也算是一种遗憾，但为了补偿由这些不应得差异带来的不利结果就选择侵犯个人财产权，这是绝对不被允许的。唯一例外的转移情况是，这个人自愿将他财富的一部分赠送给有需要的穷人。

“张伯伦论证”诉求的直觉非常简单——就是关于选择（自愿转移）的直觉，但是这一论证也并非无懈可击。对诉求直觉的“张伯伦论证”的批评，主要针对的是从 D1 到 D2 的“自愿转移”。一种常见的批评是：“张伯伦论证”中所谓的“自愿转移”，可能并非出自一个人的真实意愿，这个人有可能根本没有意识到自己真正的利益是什么，比如，由于接收到的信息不完全，或者受到欺骗，等等。不过，这种批评

---

① 约翰·罗尔斯．正义论［M］．何怀宏，何包钢，廖申白，译．修订版．北京：中国社会科学出版社，2009：79.

本身包含了滑向家长主义（paternalism）的风险。什么是一个人的真正利益，由谁来界定一个人的真正利益？很多时候，人们并不能够顺利地、自发地认识到自己的真正利益。这时，由其他人来告诉他什么是他的真正利益——假如其他人掌握这种知识的话，这似乎是一种合理的选择。所以，如果强调一个人的真正利益，会有非常大的概率导致家长主义，但是家长主义同样并非无懈可击。

三、诉诸自我所有权的论证

和许多当代政治哲学理论一样，诺奇克的自我所有权论证也借助于一条康德主义原则：人是目的。德国古典哲学家伊曼努尔·康德认为："人，一般说来，每个有理性的东西，都自在地作为目的而实存着，他不单纯是这个或那个意志所随意使用的工具。在他的一切行动中，不论对于自己还是对其他有理性的东西，任何时候都必须被当作目的。"① 在康德看来，有理性的存在者接受这样的一个实践命令（它一般被称为"定言命令的第二条原则"）："你的行动，要把你自己人身中的人性，和其他人身中的人性，在任何时候都同样看作是目的，永远不能只看作是手段。"② 在康德看来，人是跨两界的，即同时作为感性世界和理智世界的成员实存着。作为感性世界的成员，人处于因果链条之中，难免会被人当作手段。但是人不能只被当作手段，因为他同时还是理智世界的成员。作为有理性的东西，他自在地作为目的而实存着。此即康德"人是目的"这一原则的精髓。

"人是目的"原则要求权利的不可侵犯性。也就是说，把人当作目

---

① 伊曼努尔·康德. 道德形而上学原理［M］. 苗力田，译. 上海：上海人民出版社，2005：47.

② 伊曼努尔·康德. 道德形而上学原理［M］. 苗力田，译. 上海：上海人民出版社，2005：48.

的而不是手段，要求尊重他人对某些利益的权利，随意侵犯这些权利就是把他人视为自己的工具而非目的本身。然而，并不是所有正义理论都将尊重人的权利视为一个绝对的原则。比如，就像罗尔斯批评的那样，功利主义总是包含着侵犯个人权利的风险。不过，作为一种现代政治观念，功利主义也支持一种平等主义的主张，即在功利的计算中，要求“每个人作为一个单位，没有人多于一个单位”（everyone is to count for one，no one is to count for more than one）。一般的功利主义在功利计算这一特定意义上赞成平等，而间接（indirect）功利主义则走得更远，它还主张尊重人的权利，因为从长远看只有这样才能够产生更大功利——这在某种程度上超越了一般功利主义的短视的局限。但是，不管是哪种形式的功利主义，它们都有可能为了“最大多数人的最大幸福”而牺牲一部分人的利益，而正当化的利益即权利（right）。

与功利主义不同，自由主义一般都强调尊重人的权利。罗尔斯在《正义论》的开篇就指出：“在一个正义的社会里，平等公民的各种自由是确定不移的，由正义所保障的权利决不受制于政治的交易或社会利益的权衡。”① 在《正义论》中，罗尔斯实际上认为，值得尊重的人的权利不仅包括基本自由权，还包括对外部物质资源的权利。罗尔斯的差别原则所调节的正是后一种权利的分配。罗尔斯相信，如果两种权利都受到尊重，那就做到了把人当作目的。而他的两个正义原则能够达到这一目的。“因为，所有人都有各种平等的基本自由，而且差别原则解释了把人仅仅作为手段和同时也作为目的本身之间的区分。在社会的基本设计中把人们视作自在的目的就是要同意放弃那些不能有助于每个人的期望的利益。相反，把人们视作手段就是准备为了别人的较高期望而把

① 约翰·罗尔斯．正义论［M］．何怀宏，何包钢，廖申白，译．修订版．北京：中国社会科学出版社，2009：3.

负担加在那些已经处在不利地位，且有较低生活前景的人们身上。”①

关于人的权利，诺奇克在《无政府、国家与乌托邦》中也指出：“（权利）对行为的边界约束反映了康德主义的根本原则：个人是目的，而不仅仅是手段；没有他们的同意，他们不能被牺牲或被用来达到其他的目的。”② 诺奇克不但关注人的权利，而且还把它置于其理论的核心位置。

在主张平等待人和反对功利主义这一点上，诺奇克与罗尔斯是一致的，分歧在于要把人当作目的，哪些权利是最重要的。或者更一般地讲，自由主义在尊重人的权利上存在共识，但是为了把人当作自在的目的，哪些权利是不可侵犯的，不同的自由主义思想家（比如在自由平等主义者和自由至上主义者之间）却存在较大的分歧。

在罗尔斯看来，最重要的权利之一是拥有某一确定份额的社会资源的权利；而在诺奇克看来，最重要的权利（没有“之一”）莫过于对于自己的权利，正是这些权利构成了“自我所有权”。所谓“自我所有权”，就是指我对自己拥有权利，包括我的天赋。比如，奴隶就不对自己享有权利，相反奴隶主却享有把奴隶当作自己财产的权利。理解诺奇克的自我所有权时需要注意两点：第一点，这里的自我所有强调的是对自己天赋和能力的所有，我们能够自由地运用自己的天赋和能力，并对运用这种天赋和能力所产生的成果拥有绝对的权利。在基督教传统中，人的生命是由上帝赋予的，而人对于不属于自己的东西不拥有权利，因此也就没有权利处置不属于自己的东西——人的生命，换言之，人没有权利自杀。第二点，这里的自我不是一个分裂的自我，而是一个反思性

① 约翰·罗尔斯．正义论［M］．何怀宏，何包钢，廖申白，译．修订版．北京：中国社会科学出版社，2009：139-140.

② 罗伯特·诺奇克．无政府、国家和乌托邦［M］．姚大志，译．北京：中国社会科学出版社，2008：37.

的自我，所有者与被所有者是同一个完整的人。

诺奇克关于个人禀赋的观点是认为一个人对自己的天赋拥有权利，这和罗尔斯（或者更一般地讲，自由平等主义者）关于个人禀赋的观点有很大的不同。后者认为，一个人当然是其天赋的正当持有者，有权自由地运用自己的天赋，享受由这个过程产生的成果，但由于天赋是纯粹运气的产物，那些天赋较差的人也有权从他的成果中拿走一份。既然罗尔斯没有明确反对自我所有，而自我所有也并没有就外部资源占有做出说明，那么为什么我们不能同时采纳这两种立场呢，即同时承认自我所有和对一定份额的资源的权利？诺奇克拒绝做出这种妥协的理由是：如果他人能够对我天赋的成果提出正当的要求，就不能认为我拥有自己的天赋，并且没有把我当作自在的目的进而实现平等待人。

诺奇克批评自由平等主义把个人的自然天赋视作社会的“共同资产”（common asset），他认为这是对自我所有权的否定，会使得一些人的某些部分（他们的自然特质）成为服务于全体的资源。在诺奇克看来，由于我拥有自我所有权，处于自然劣势的人就不能对我或我的天赋提出正当的要求。任何人未经我的同意（consent）都不能从我的财富中取走任何一部分，否则就是侵犯了我的权利。我支配自己生活、自己天赋和能力、自己财富的权利是绝对不容侵犯的。一切旨在对自由市场的交换实施强制性干预的措施都有违于此。只有不受限制的资本主义才能完全承认自我的所有权。

诺奇克从自我所有权推演出（绝对的）财产权的逻辑是这样的：因为我拥有自身，因此，我运用我的天赋和能力而获得的财产属于我自己，他人或国家不得侵犯。这个逻辑看似无懈可击，实则不然。诺奇克的平等观源于对自我的权利，他却相信这些权利蕴含着我们对于（通常是稀缺的）外部资源的权利。诺奇克说我有权拥有我创造的财富，但财富并非单纯地来源于我的创造。财富是怎么产生的呢？正如英国古典政治经济学家威廉·配第（William Petty）所说："我们认为，土地是财富之母，而劳动则为财富之父和能动要素。"① 劳动创造价值，所以劳动是财富之父；土地属于生产资料，是生产必不可少的一个组成部分，所以土地是财富之母。有权利拥有自己的天赋和能力，与有权利拥有外部资源，这是两个不同的问题。不管怎么样，从自我所有推出的财产权理论必须就外部资源占有做出说明。

同单纯诉求关于选择（自愿转移）的直觉的"张伯伦论证"不一样，诺奇克诉诸自我所有权的论证可能存在着更大的漏洞。按照威尔·金里卡在《当代政治哲学》中的分析，自我所有权论证的困难主要来自两个方面：一个方面是自我所有权并不必然导致绝对的财产权，比如，如果我们对外部资源占有做出充分的说明，这就会发现这一点；另一个方面是自我所有权原则不足以体现充分的平等，而康德的"人是目的"的原则要求平等地对待每一个人。我们赞同金里卡对诺奇克自我所有权论证的两点评判，并在吸收他的观点的基础上尝试性地给出我们自己的分析。

（一）自我所有权并不必然导致绝对的财产权

诺奇克认为，因为我们对自己的能力拥有权利，所以我们对那些运用这些能力而获得的财富也拥有权利。但是，我的财产包含着对事物（外部财物或外部资源）的权利，而它们是仅凭我自己的能力所无法创造出来的。比如，假如我是一个农夫，那么我可以通过我的能力提高某块土地的产出，但是我不能创造土地本身。当然，诺奇克也许会辩解，我对于外部财物的资格（使用外部资源的权利）是别人自愿转移给我的，所以我的财产权仍然是正当的。但问题是别人对于外部财物是否具有正当的资格，我的财产权是否最终正当要追溯到（对没有所有者的

---

① 王亚南．资产阶级古典政治经济学选辑［M］．北京：商务印书馆，1979：46.

外部资源的）最初的占有。因此，对财产权的论证必然包括对处于无主状态的外部资源的初始获得。

从自我所有权到绝对的财产权，自我所有权的论证成立的关键就在于要能够成功地论证最初的占有，即对处于无主状态的外部资源的初始获得。诺奇克对最初占有的论证借鉴了洛克的财产权论证。两者之间存在明显的相似之处，都属于追溯财产权的历史渊源的论证，因而都属于历史的、非模式化的正义理论。但是两者之间也存在一些差别。在讨论诺奇克关于最初的占有（初始财产权）的论证前，我们先简单地介绍一下洛克的财产权论证。

在西方政治思想史上，约翰·洛克（John Locke）首次对个人财产权进行了较为系统的论证。洛克的财产权论证主要出现在《政府论》下篇的第五章“论财产”中。在这一章的开头，洛克就讲，根据人类的自然理性，其一出生即享有生存权利，因而可以享用肉食和饮料，以及自然所供应的以维持他们生存的其他物品。但在根据自然理性陈述了人类的这一权利后，洛克又立刻要为它寻找到一个神学的根据。由此而形成了洛克财产权论证的出发点：“上帝既将世界给予人类共有，亦给予他们以理性，让他们为了生活和便利的最大好处而加以利用。土地和其中的一切，都是给人们用来维持他们的生存和舒适生活的。土地上所有自然生产的果实和它所养活的兽类，既是自然自发地生产的，就都归人类所共有，而没有人对于这种处在自然状态中的东西原来就具有排斥其余人类的私人所有权。”① 也就是说，处在自然状态的外部资源，最初是任何一个人为了维持自己的生存都可以拿来使用的，它们不独属于人类群体中的任何一个成员，而是为全体成员所共同拥有的。

洛克紧接着又讲，这种世界资源共有的状态缺乏实质性的意义，因

① 约翰·洛克．政府论：下篇［M］．叶启芳，瞿菊农，译．北京：商务印书馆，2003：18.

为“这些（资源）既是给人类使用的，那就必然要通过某种拨归私用的方式，然后才能对于某一个人有用处或者有好处”①。洛克专门举了印第安人的例子来说明共有的资源会在人类消耗它们的过程中变成私有的资源。“野蛮的印第安人既不懂得圈用土地，还是无主土地的住户，就必须把养活他的鹿肉或果实变为己有，即变为他的一部分，而别人不能再对它享有任何权利，才能对维持他的生命有任何好处。”② 洛克开创性地指出，正是人的辛勤劳动赋予了他们排他性地占有外部资源的权利，而且劳动的财产权可以避免人们的争吵和纷争，以及进而引发的强取豪夺。洛克从上帝的意志出发来为这一观点做辩护：“上帝将世界给予人类所共有；但是，既然他将它给予人类是为了他们的利益，为了使他们尽可能从它获得生活的最大便利，就不能假设上帝的意图是要使世界永远归公共所有而不加以耕植。他是把世界给予勤劳和有理性的人们利用的（而劳动使人取得对它的权利）。”③

洛克认为劳动的财产权能够胜过资源的共有状态，所以资源的共有必定会为私有制所取代。这个过程是如何发生的呢？洛克关注的主要是其中的逻辑。洛克先提出了自我所有权的命题。“每人对他自己的人身享有一种所有权，除他以外任何人都没有这种权利。他的身体所从事的劳动和他的双手所进行的工作，我们可以说，是正当地属于他的。”④然后，依据自我所有权，再加上允许人们通过自己的劳动使用外部资源（把它们变为己有），洛克便得出了私有财产权的结论。

---

① 约翰·洛克．政府论：下篇［M］．叶启芳，瞿菊农，译．北京：商务印书馆，2003：18-19.

② 约翰·洛克．政府论：下篇［M］．叶启芳，瞿菊农，译．北京：商务印书馆，2003：19.

③ 约翰·洛克．政府论：下篇［M］．叶启芳，瞿菊农，译．北京：商务印书馆，2003：22.

④ 约翰·洛克．政府论：下篇［M］．叶启芳，瞿菊农，译．北京：商务印书馆，2003：19.

具体来说，这一过程是这样发生的，即只要任何人使任何东西脱离自然所提供的和那个东西所处的状态，他就已经“掺进”他的劳动，在它上面加入了他自己所有的某些东西，因而使它成为他的财产。既然是这个人来使这件东西脱离自然所安排给它的一般状态，那么在它上面就由他的劳动加上了一些东西，从而排斥了其他人的共同权利（使他的财产占有成为排他性的）。不过，这一过程还需要满足某种条件，只要满足了这种条件，财产权的正当性就能够得到证明。这种条件主要包括两条：一是留有足够的同样好的资源，如果“还留有足够的同样好的东西给其他人所共有”①，那么我们就有资格占用一些外部世界的资源；二是不能糟蹋和浪费外部的资源，“谁能在一件东西败坏之前尽量用它来供生活所需，谁就可以在那个限度内以他的劳动在这件东西上确定他的财产权”②。

我们可以将洛克的财产权论证简要表述如下：

(1) 上帝创造了这个世界，并将这个世界留给亚当和夏娃及其子孙们共同享用。

(2) 我们每个人都对自己的人身享有一种所有权；如果我们将自己的劳动混合进（或者说“掺进”）了外部事物，我们就有权拥有它。

(3) 这一过程需要满足以下两个条件：

条件一，将“足够的同样好的”资源留给他人。

条件二，在这个过程中不存在对资源的糟蹋和浪费。

---

① 约翰·洛克．政府论：下篇［M］．叶启芳，瞿菊农，译．北京：商务印书馆，2003：19.

② 约翰·洛克．政府论：下篇［M］．叶启芳，瞿菊农，译．北京：商务印书馆，2003：21.

在大体上接受了洛克财产权论证的同时，诺奇克对上述论证中的第一个和第二个步骤提出了异议。

首先看步骤（2）。诺奇克批评步骤（2）中的“混合”（mixing）一词的含义过于模糊：“如果一位私人宇航员在火星上扫清一块地方，那么他使他的劳动与之相混合的（以致他能拥有的）是整个火星，是整个无人居住的宇宙，还仅仅是一小块特殊的地方？”① 更严重的是，这种混合也许不会如洛克所期望的那样，使我们占有某些东西，反而使我们丢失我们原本拥有的东西。“如果我拥有一罐番茄汁并把它倒入大海，以致它的分子（使其带有放射性，从而我可以进行检测）均匀地混合于整个大海之中，那么我是拥有了这片大海，还是愚蠢地浪费了我的番茄汁？”② 除此以外，诺奇克完全接受步骤（2）中洛克关于自我所有权的观点，但他更愿意把这一点（自我所有权）作为他的初始财产权论证的出发点。

其次是步骤（1）。关于世界资源的初始状态，诺奇克和洛克的理解不尽相同。“诺奇克认为世界是天然地不被任何人拥有，而洛克认为它被人们共同拥有。这样，对于个人占有的问题就有了不同的侧重。对于洛克来说，问题似乎是我们应该如何分享共同资源。而对于诺奇克来说，问题是什么（东西）给予一个人权利使他从曾经不属于任何人的东西上排除他人。”③

此外，对于上述论证的第三个步骤，即两个限制条件，诺奇克也提出了批评和改进的观点。其中，“条件二”存在明显的缺陷，在金属货

① 罗伯特·诺奇克．无政府、国家和乌托邦［M］．姚大志，译．北京：中国社会科学出版社，2008：208.

② 罗伯特·诺奇克．无政府、国家和乌托邦［M］．姚大志，译．北京：中国社会科学出版社，2008：209.

③ 乔纳森·沃尔夫．诺齐克［M］．王天成，张颖，译．哈尔滨：黑龙江人民出版社，1999：119.

币出现之后，我们很难再轻易地判断是否存在对资源的糟蹋和浪费，因而它便失去了实质性的限制意义。剩下的就只有“条件一”，即将“足够的同样好的”资源留给他人。但什么是留有“足够的同样好的”东西呢？这个表述中“足够的”“同样好的”的意思并不是一目了然的。更严重的是，将“足够的同样好的”资源留给他人，在今天几乎是难以兑现的。“这一点对于土地曾经是正确的，但现在已不再是这样了。”① 现在，地球上绝大部分的外部资源，甚至包括新鲜的空气和干净的水，都已变得十分稀缺，以至于洛克的这一限制条件很难再得到满足。作为一种替代性的选择，在诺奇克看来，“不使其他人的情况变坏或者能够使之变得更好”更适合充当新的限制条件。“洛克论证说，财产正当占有的一个必要条件是应该为他人留下‘足够的并且同样好’的东西。诺奇克评论说，这个（观点）的重点是没有任何一个人的条件应该因另一个人从公共资源中占有而变坏。如果你的占有使我的条件变坏，那么我就有足够的理由反对它。”②

如果占有不使他人生活处境恶化，那么这样的占有就是正当的，诺奇克把这个条件（“不使他人生活处境恶化”）称为“洛克式的限制条件”。例如，在最初的无主土地（但是每个人都有权使用）上，张三和李四共同依靠一块土地生活。如果张三对这块土地的占有不使李四的生活处境恶化，那么张三对这块土地的占有就是正当的。我们可以拿欧洲历史上的“公地”来和这里“最初的无主土地”进行简单的类比。③ 为什么要将“公地”划为私有的呢？因为在公有地（公用的土地）的

---

① 乔纳森·沃尔夫．诺齐克［M］．王天成，张颖，译．哈尔滨：黑龙江人民出版社，1999：122.

② 乔纳森·沃尔夫．诺齐克［M］．王天成，张颖，译．哈尔滨：黑龙江人民出版社，1999：121-122.

③ 欧洲中世纪封建主义的土地所有权是受分割的、模糊的，我们大概可以将之视为“无主的土地”，但是封建庄园里的“公地”又是谁都可以使用的。

情况下所有人的生活状况都可能比较糟糕，而将“公地”私有化后状况可能会改善。

在 15—16 世纪的英国，草地、森林、沼泽等还都属于公共用地，耕地虽然有主人，但是庄稼收割完以后，也要把栅栏拆除，敞开作为公共牧场。英国封建主也会在自己的领地中划出一片尚未耕种的土地作为牧场（称为“公地”），无偿向牧民开放。然而，由于是无偿放牧，在理论上就可能出现这样的情况：每个（理性的）牧民都养尽可能多的牛羊；随着牛羊数量无节制地增加，公地牧场最终因“超载”而成为不毛之地，牧民的牛羊最终全部饿死。加勒特·哈丁（Garret Hardin）把这种基于理性选择的可能性结果称为“公有地的悲剧”（Tragedy of the Commons）。“公有地的悲剧”意味着：第一，向土地进行投入是非理性的，因为土地是公用的，没有办法保证个体能够从自己的投入中获得利益；第二，选择消耗资源反而是理性的，因为即使一个人不选择短视地消耗资源，其他人也会消耗，而且越延迟消耗资源越吃亏。一旦公地上的人口超过了资源的承受能力，资源就会被耗尽。“公有地的悲剧”源自人类集体行动的困境——集体理性与个人理性不一致。

“洛克式的限制条件”很容易满足，那么为了克服“公有地的悲剧”，不难想象这个世界上绝大部分的资源将很快就被私人占有。也就是说，形成对于极不平等的世界份额的绝对权利是相对容易之事。最后，我们可以将诺奇克对初始财产权的论证简要地表述如下：

（1）人们自己拥有自己。

（2）世界最初是无主的。

（3）只要不使他人的状况恶化，你就可以获得对于极不平等的世界份额的绝对权利。

（4）获得对于极不平等的世界份额的绝对权利是相对容易

之事。

(5) 一旦人们占有了私人财产，建立自由的资本市场与劳动力市场就吻合道德的要求。[①]

在转入对诺奇克初始财产权论证的批评之前，我们先来对诺奇克的论证与洛克的论证之间的关系做一个小结。可以说，诺奇克对初始财产权的论证包含着一种更加精细化的洛克式的财产权证明。在借鉴洛克的论证时，诺奇克的论证是建立在对洛克论证几乎所有步骤的批评和修正的基础之上的，而且，洛克的财产权论证中有两点是诺奇克绝对难以接受的：一是洛克的论证依赖于神学，对此诺奇克并不赞成；二是洛克强调自我保存的权利，这有可能会冲击绝对财产权，这一点也是诺奇克不能接受的。

诺奇克的论证并非无懈可击。诺奇克的初始财产权论证中，第一个困难出现在步骤（3）中，即关于“不使他人的状况恶化”的“洛克式的限制条件”。什么是恶化？诺奇克给出了两条解释，第一条是指物质条件的恶化而非其他条件的恶化，第二条是与原状态（资源被公共使用的状态）相比的恶化而非与其他财产分配方案相比的恶化。

先来看第一条解释——指物质条件的恶化而非其他条件的恶化的缺陷。一个人获得对于极不平等的世界份额的绝对权利，虽然没有使人物质条件恶化，但是却使人从属于他人，从而丧失了自主性，这也是难以接受的。比如，前面举的张三、李四的例子中，即便张三获得对土地的绝对权利并没有使李四的物质条件恶化，但是也可能出现这样的情况：李四对先前一直使用的土地归属没有发言权，是张三单方面占用了公有地（公用的土地）却未得到李四的同意（李四没有受到尊重）；更严重

① 威尔·金里卡．当代政治哲学［M］．刘莘，译．上海：上海译文出版社，2011：124.

的情况是，张三占用公有地（公用的土地）后，李四的劳动力变得不能自主，而受张三的控制（比如说李四成了资本主义社会中受资本家张三雇佣的农业工人）。马克思就曾这样评价资本主义："资本表现为一种强制关系，迫使工人阶级超出自身狭隘的需要范围而从事更多的劳动。作为别人的活动的制造者和利用者，作为劳动力的剥削者和剩余劳动的榨取者，资本主义制度在精力、效率方面并以其无限的力量，超过了以往一切直接以各种强制劳动制度为基础的生产制度。"①

奴隶社会中存在奴隶主对奴隶的奴役，封建社会中存在农奴对贵族的人身依附，资本主义社会中存在资产阶级对无产阶级的剥削。无论是奴隶、农奴，还是现代无产阶级，他们的物质条件可能都要比原始社会的野蛮人更好，但这就能证明剥削阶级拥有占有财产的绝对权利吗？无产阶级指的是靠出卖自己的劳动力来谋生的人的群体，这个阶级的人处于经济上被剥削的地位。随着资本主义的发展，无产阶级也可能拥有部分财产，这些财产以及由它们产生的利息、租金、利润等等，确实能够在一定程度上满足单个无产者及其家庭不断增长的消费欲望（但这并不能够让无产阶级获得真正的自由和解放）。无产阶级的物质条件有了好转，就能说资产阶级财产权就是正当的以至于会亘古不变吗？

再来看第二条解释——与原状态相比的恶化而非与其他财产分配方案相比的恶化的缺陷。实际上，其他可以参与比较的可能的方案还包括：第一种方案，土地由李四来占有；第二种方案，集体或全体所有（土地属于集体或全体，集体或全体是一个集合概念，不能简单地等同于任何个体，所以处置集体或全体所有的土地时必须经过公共协商）；第三种方案，以使用权代替所有权的有限财产权；第四种方案，无遗赠权的有限所有权；第五种方案，罗尔斯或德沃金的原则（一种受正义

① 马克思．资本论［M］．北京：中国社会科学出版社，1983：307.

原则调控的财产权方案），等等。总之，关于正当占有的更合理的标准，应该把所有这些相关的选择方案考虑在内。此外，还应该把人们对物质财富丰裕的期望和自主（autonomy）也同时考虑在内。我们在证明财产权时要做的就是寻找最佳的选择方案并考虑自主，然后修正“洛克式的限制条件”。

我们在寻找最佳的选择方案（社会安排）时，不仅要与最初的方案进行比较，而且要在多个可能的方案之间进行比较。如何比较不同的方案（社会安排）呢？或许可以设想一下，社会中的某些人（比如说我们自己）是否在另一种可能的方案里会有更好的处境，以此作为检验标准。但是这样做的后果是，没有一种财产分配制度能够通过这个检验标准。在多个可能的方案之间进行比较时，追求一种我们自身利益最大化的方案，或者我们否认一种方案是因为考虑我们自己的更大利益，这些都是不可取的。也许此时我们最好借鉴罗尔斯的原初状态的观念，假设我们都处于“无知之幕”之后。正如我们在上一章中已经强调的那样，在想象一个可能的替代方案时，要注意这个方案之所以会被考虑在内，并不在于它能够最大限度地满足我们自身或一些人特殊的利益，而是在于它能够让我们的利益得到公平的照顾。要这个世界按照我们的个人偏好进行最大限度的调整，这个想法本身是不正确的。

正如罗尔斯在对两个正义原则的论证中所指出的，除了作为比较的基点之外，许多方案（社会安排）都是不平等的；而且，显然（离开所有社会价值都要平等地分配的“最初的安排”后的）不平等的方案不止一种。因此，要考虑哪种方案最能够让所有人的利益都得到公平的照顾，并以此方案来规定财产权论证的限制条件。财产权本身并不是罗尔斯正义理论的主题之一，但如果我们将罗尔斯所谓的对财物的“合法期待”也当作一种正当占有理论——让我们设想罗尔斯也有一种正当占有理论，这样，我们就可以把公平正义的原则（尤其是差别原则）

视作其财产权论证的一种限制条件。

总之，洛克式的限制性条件要求一种中间状态，我们虽然很难说清楚这种中间状态到底是什么，它与罗尔斯或者德沃金的原则有何不同，但并不必然导致诺奇克的观点。

如上所述，在寻找最佳方案时，我们要考虑各种可能的替代方案（例如罗尔斯“民主的平等”），从中选出相对较好的方案。另外，也许我们还需要一个更加理想的参照系，比如最初的状态不是“公地”状态，而是资源平等分配的状态，就像罗尔斯在《正义论》中提出的那种“最初的安排”。“在这一安排中，所有的社会基本善都被平等地分配，每个人都有同样的权利和义务，收入和财富被平等地分享。这种状况为判断情况是否得到了改善提供了一个基点。如果某些财富和权威的不平等将使每个人都比在这一假设的开始状态中更好，那么它们就符合我们（关于正义）的一般观念。”① 这里恰好又涉及诺奇克初始财产权论证中的另一个困难。

诺奇克的初始财产权论证中，第二个困难是关于步骤（2）的。最初的土地为什么是无主的（处于“公地”状态），而不是集体或全体所有的？如果是集体或全体所有的，以至于任何人都并不能单方面将这个世界私有化（必须通过公共协商达成普遍的共识），那么人们完全可能不会选择诺奇克那种不平等的占有方式（因为处于劣势者可以动用他们的否决权）。或者外部资源是平等分配的，就像上述罗尔斯的“最初的安排”。如果最初外部资源是平等分配的，我们可能会选择自由主义的平等主义的方案。

从诺奇克初始财产权论证中存在的两个困难（也许还存在其他的困难）中可以看到，自我所有权并不必然导致绝对的财产权。以上就

① 约翰·罗尔斯．正义论［M］．何怀宏，何包钢，廖申白，译．修订版．北京：中国社会科学出版社，2009：49.

是诺奇克自我所有权论证第一个方面的困难。下面，我们接着来讨论这个论证第二个方面的困难。

（二）自我所有权原则不足以体现充分的平等

诺奇克自我所有权论证第二个方面的困难是自我所有权原则不足以体现充分的平等。平等是在现代世界被人们普遍推崇的一个价值。“几乎所有的人——包括所有的政治哲学家——都相信某种意义上的平等”，“几乎所有的人都同意这样一个原则：一个政治共同体的成员应该得到平等的对待，国家应该以平等的关心和尊重对待它的公民。”① 虽然不同的政治哲学家对平等的理解不尽相同，但是在把人当成道德主体、承认人在道德上是平等的这一点上是存在广泛的共识的。所以，承认自我所有权原则不足以体现充分的平等，就等于承认依赖于它的理论存在严重的缺陷。

我们通过分析诺奇克的自由至上主义支持自由市场的路径来看它的平等承诺。由自我所有权如何推导出自由市场呢？自我所有权引向自由市场的第一个可能路径是同意（consent），也就是说，选择何种经济制度（包括诺奇克赞成的自由市场）要经过人们的同意。诺奇克认为，必须经过个人的“同意”，别的人才能够取走一个人拥有的财富（的一部分或者全部），这是这个人具有处置自己财产的绝对权利的逻辑必然。然而在初始财产权论证中，他又对“同意”语焉不详，态度暧昧。在前面的论述中，我们曾经通过张三、李四的例子批评诺奇克的初始财产权论证——张三对土地的占有未经李四的同意。诚然，在真实的世界中，寻求别人的“同意”并不是一件简单的事情。在现实社会中，不同人在不同经济制度下有不同的处境，因此人们认同的经济体制不会相

① 亚当·斯威夫特．政治哲学导论［M］．佘江涛，译．南京：江苏人民出版社，2006：101.

同，他们之间很难出现一致同意。为了取得一致同意，我们可以借鉴罗尔斯“原初状态”的观念。但是，如果采用“无知之幕”下的协议，也许我们就会接受罗尔斯的结论，而不是诺奇克的结论。

自我所有权引向自由市场的第二个可能路径是自我决定（self-determination）的权利。自我所有权又分为形式的自我所有权和实质的自我所有权，诺奇克很多时候强调的是后者。实质的自我所有权包括自我决定的权利。在诺奇克看来，自我决定排斥再分配。如果允许再分配，那么，怎么能说每个人具有自我决定的能力呢？因为我的部分能力要被用来为他人服务。自我决定也与集体或全体所有制不相容。如果实行全体所有制或者集体所有制，这意味着我们对资源的使用都要经得他人的同意，那么，我们不就是相互拥有彼此吗？因为我们做任何事情都可能涉及资源，而这些资源又是大家共同所有的；它们是集体的资源或全体的资源，任何个人都不能单独处置它们。

然而，不容忽视的另外一点是：自我决定需要资源。一个人若是缺乏资源，他也就无法做出自我决定。在英国文学家 E. M. 福斯特（Edward Morgan Forster）的《霍华德庄园》中，中产阶级出身的女主人公玛格丽特的一席话将这一点说得非常清楚：“我（玛格丽特·施莱格尔）、你和威尔考克斯一家，站在堆积成山的金钱之上，我们的脚下是如此坚实，以至于我们忘记了它的真实存在。只有当我们看见有人在我们的旁边步履蹒跚时，我们才意识到独立的收入所意味的一切。昨晚，当我们在这里围在火堆边高谈阔论时，我开始想到这个世界的灵魂是经济，同时最深的深渊不是爱的缺乏而是硬币的缺席。”①

自我决定不仅要求对于我们的物质存在拥有法定的权利，还要求拥有使用财产的权利。但是，如果坚持绝对的财产权，那么也只有富人能

① ARBLASTER A. The Rise and Decline of Western Liberalism [M]. London: Blackwell Publishing Ltd, 1984: 303.

够运用自我决定的权利，而穷人则没有资源可以自我决定（财产越多自主性越多，反之则越少）。而自由平等主义的观点却可以更好地使人们享有公平的资源份额从而更好地享有自我决定的权利。此外，自由至上主义视野下的穷人还因为资源匮乏而从属于他人。总之，自我决定既要求拥有自由（对自己物质存在的权利），也要求拥有资源。如果我们主张平等的自我决定权，同时希望避免从属于他人，就很难再坚持绝对的财产权。

自我所有权引向自由市场的第三个可能路径是促进和肯定人们的尊严（human dignity）。在诺奇克看来，要求对人们的天赋进行课税，这有损于人们的尊严，因为它破坏了人们的自我决定。但是，前面已经论证自由至上主义的自我所有权原则并不能更好地促进（所有人的）自我决定从而促进和肯定人们的尊严。无论如何，尊严是依附于道德信念的。只有在不正义的情况下，尊严才会遭到损害，而在正义的情况下不影响尊严。如果绝对的财产权本身就无法得到辩护，那么让它受到某种限制，比如说正义的社会基本制度的限制，这并不会损害人们的尊严。

第二节　证明自由至上主义的其他路径

诺奇克对自由至上主义的证明主要指的就是诉诸自我所有权的论证。相对而言，诉求直觉的“张伯伦论证”，其重要性远不如诉诸自我所有权论证那么大。不过，正如我们在上一节中所论述的，虽然诺奇克诉诸自我所有权的论证对于个人权利的系统辩护，使得他的理论在权利思想史上具有重要的地位，但是这一论证本身仍然存在较大的缺陷。考虑到这一情况的存在，我们马上会产生这样的疑问：自由至上主义能否在道德上得到充分的证明呢？如果我们并不否认这种可能性，那么还有没有其他能够证明自由至上主义的路径呢？根据威尔·金里卡对当代西方政治哲学关于该主题的论证的概括，除了诺奇克的诉诸自我所有权的论证，自由至上主义的证明还包括基于互利的论证、自由的论证、自由与资本主义的论证这样三条重要的路径。

一、基于互利的论证

根据互利论的观点，一种恰当的社会规则（类似于“道德”约束）就是人们基于自我利益的考虑而达成的对双方都有利的契约，比如不撒谎、等价交换、礼尚往来，等等。基于互利的论证认为，就像一种恰当的社会规则是人们基于互利而会达成的契约一样，绝对的自我所有权和财产权也是人们基于互利而会达成的契约。

但是，对自由至上主义的基于互利的论证还是存在一些内在的问题，使得这一论证难以产生足够的说服力。具体来说，互利论存在以下困难：

第一个困难是互利契约的困难，人们基于自我利益是否会形成并遵守契约？“虽然赞成契约或常规吻合每个人的利益，但实际遵守它们也许并非吻合每个人的利益。”① 用理性选择的话语说，就是集体理性与个体理性之间存在不一致。如何克服这种不一致？互利论者可以考虑霍布斯式的对策：17 世纪的英国政治思想家托马斯·霍布斯（Thomas Hobbes）主张国家（或者主权者）用强制力惩罚背约者。但霍布斯式的对策的缺点是，国家无法监督到每一个人（这里面涉及监督的成本和监督的技术等问题），而且国家权力也存在可腐化性（行使国家权力的人也是理性人，可能会寻租）。互利论者也可以考虑大卫·高西尔（David Gauthier）的对策：“受约束的最大化”（constrained maximization），即只

① 威尔·金里卡．当代政治哲学［M］．刘莘，译．上海：上海译文出版社，2011：139.

要人们确信他人也会遵守合作规则，人们——通过社会化的过程——就有遵守互利常规（社会道德）的倾向，而不会计算背叛是不是理性的。

高西尔认为“受约束的最大化”无须借助国家的惩罚威胁就能够克服集体行动的难题，但是，无论社会道德有多么的真实、合理（合乎集体理性），也得依赖于一个霍布斯式的国家权威才能够发挥它的约束力（这正是霍布斯的洞见）。在霍布斯看来，自然法的要求就是道德的要求。“自然法在内心范畴中是有约束力的。也就是说，它们只要出现时便对一种欲望有约束力。但在外部范畴中，也就是把它们付诸行动时，就不永远如此。因为一个人如果自身谦恭温良，在其他人都不履行诺言的时候与地方履行自己的一切诺言，那么这人便只是让自己作了旁人的牺牲品，必然会使自己受到摧毁，这与一切使人保全本性的自然法的基础都相违背。”① 一个人执行自然法的条件是国家向他提供足够的保证——所有人都会执行自然法，光有旁人对他承诺会遵守自然法是远远不够的。当然，在现实社会中，即便国家督促所有人执行自然法，不遵守自然法的行为也还是会发生。国家并不能够彻底消除违法的行为。从这个意义上讲，高西尔提倡的“受约束的最大化”对于抑制违规的行为、减少公共权力的运行成本是有积极意义的。然而，如果国家这个公共权威不能使每一次的违规行为都会受到应有的惩罚，那么“受约束的最大化”就会经历拐点，立刻迎来断崖式的急剧下跌。

第二个困难是关于能否从互利的契约推导出自由至上主义？基于互利的考虑，人们是否会选择绝对的自我所有权和财产权？绝对的自我所有权和财产权是否符合互利的标准，取决于人们之间在力量上是否对等；如果不对等，人们就不会同意彼此给予绝对的自我所有权和财产权。而自由至上主义认为，力量对等的条件是事实上存在的。个人的力

① 托马斯·霍布斯．利维坦［M］．黎思复，黎廷弼，译．北京：商务印书馆，1997：120.

量不仅是大致对等的，而且是脆弱且易受伤害的。这一点正如霍布斯所指出的那样，自然状态下的人在身心两个方面是大致平等的，因此任何人都无法免于受到别人（包括他人联合起来）施加的伤害。

在英国作家丹尼尔·笛福（Daniel Defoe）的《鲁滨孙漂流记》中，一天中午，鲁滨孙正走到岛的另一侧去看他的船，忽然在海边的沙滩上发现了一个人类的脚印，他立刻就被吓呆住了。当鲁滨孙发现他独自生活的岛上可能还有其他人类存在时，他的反应不是感到欣喜而是感到惊恐。他警觉地搜寻四周——想要排除即时而直接的危险，并再次确认沙滩上的那个脚印是一个真真切切的人的脚印以后，就拔腿往自己的“防御工事”跑去，然后迅速地躲了起来。鲁滨孙凭一己之力就能够在荒岛生存，他不但为自己建造了庇护所，而且还种植粮食、豢养牲畜、制作器皿，不断地改善了自己的生活，这些都表明他是一个坚韧而强大的人；但是他害怕其他人类，人的脆弱性和易受伤害性在他人的潜在威胁前暴露无遗。

既然人们之间的力量对等，他们也就同样的脆弱和易受伤害。由于人们相互之间无法卸下警惕之心，所以也就无法自然地过渡到社会状态。为了进入社会状态，人们必须约定共处的规则。根据自由至上主义，一方面，尊重自我所有权是互利的，把自我所有权赋予他人并且不试图强迫他人来促进我们的利益，这种做法吻合每个人的利益——只要他人也同样尊重我们的自我所有权。之所以如此，一方面是因为人们拥有自然的平等，强迫他人的代价太高，而收益太低，以至于不值得让我们自己也被置于强迫的危险地位；另一方面，再分配则不是基于互利的，它只吻合一部分人的利益，而这部分人没有能力要求再分配，因为他们只是全体中的一部分。

自由至上主义关于人们的力量对等的看法，与传统契约论的一个假设高度契合。无论是霍布斯，还是洛克，早期社会契约论者都倾向于假设自然状态下的人们在体力和智力两个方面是大致对等的。然而这并不是真正的事实，现实中的人们从来就不是力量对等的。自由至上主义认为人们在谈判控制力方面具有自然的平等，这并不一定是真实的，孤身一人处于与世隔绝的海岛（类似于处于自然状态下）跟处在社会之中不一样。首先，社会中的许多人缺乏保护自己的能力，如儿童、残疾人等；其次，有类似自然能力的人也许具有完全不同的技术能力（知识、信息、财富等），从而拥有不同的权力（power）。如果将权力的因素也考虑在内，就会发现现实社会中的人们在力量上极其不对等。阿道夫·希特勒（Adolf Hitler）在第一次世界大战中还只是在德国军队中服役的一个普通的士兵，我们完全可以想象当时他在战场上被随便哪一个英军士兵或者法军士兵所击杀，这绝非一种不可能发生的情况；然而，当他在纳粹党徒和大资产阶级的支持下，掌握了德国的国家机器以后，就有能力发动最后夺走了千万条生命的第二次世界大战。

第三个困难涉及互利论的非道德主义。如果互利论者承认现实中的人们从来就不是力量对等的，并且依据不平等的谈判能力来推导社会规则，等于否认了任何道德信念。这实质上就是接受弱肉强食的丛林法则，因为否认了人的道德义务，所以也就否认了任何正义——没有正义存在的地方就只剩下弱肉强食的丛林法则。这样的互利论证不是提供了关于正义的另一种解释，而是用另一种解释替代了正义。当然，对那些主张道德怀疑主义的人而言，互利的解释也许就是最大（或者说最后）的希望。

二、自由的论证

根据这一论证，自由至上主义的基础是自由原则。它内涵一个“三段论”的逻辑：第一，无限制的市场允许更多的自由（前提一）；第二，自由是最根本的价值（前提二）；因此，（结论是）自由市场吻合道德的要求。[①] 在这一简单的三段论式的论证中，“前提二”预设了自由是最根本的价值，这一点在自由主义看来是毋庸置疑的；“前提一”认为无限制的市场允许更多的自由，允许更多的自由显然是相对于其他非市场体制而言的。但是更多的自由意味着什么？它的确切含义仍然是不够清楚的。

首先，更多的自由意味着自由总量的最大化。这种主张认为自由是可以量化和计算的，所以，能够导致最大自由总量的方案就是正当的。对此的批评是：其一，与功利主义一样，有可能会出现自由的增长本身与对人的关切相脱节。例如，通过增加人口来增加自由量，却缺乏对具体个人的关切。其二，允许对自由的不平等分配。例如，在五个人中，如果允许四个人一起奴役第五个人会导致自由总量的最大化，那么这种奴役就是正当的。

其次，更多的自由意味着平等的自由最大化。这种主张不是单纯地追求自由总量的最大化，而是要求平等地享有的自由总量最大化。它所理解的自由又分为两种情况：

一是指中性化的自由（不考虑自由的重要性）。更多的自由意味着平等的中性自由最大化。对此的批评是：对我们最有价值的自由并不一定是自由量最大（不受限制地做一件事情的次数）的自由。自由量最大的自由可能对我们毫无意义。加拿大政治哲学家查尔斯·泰勒（Charles Taylor）举了一个驳斥这种观点的例子：英国的红绿灯远远多于阿尔巴尼亚，但阿尔巴尼亚人却不享有英国人所享有的宗教自由，阿尔巴尼亚免于红绿灯限制的自由量大于英国宗教自由的总量，因此，根

① 威尔·金里卡．当代政治哲学［M］．刘莘，译．上海：上海译文出版社，2011：149.

据这种观点，似乎可以说英国比阿尔巴尼亚更不自由。但这是符合事实的吗?①

二是指有目的依据的自由。更多的自由意味着那些有目的依据的自由（考虑重要性）的平等的最大化，它比前一种情况更吻合我们日常的观点："某些中性自由比另一些中性自由更有价值。"② 根据这种观点，单纯谈论自由的量似乎就已经失去了意义。然而，在评价不同的自由时，更重要的自由还是被认为具有更大的量，因此仍然可以计算。对此的批评是：这种观点本质上是对罗尔斯的平等自由原则的含混表述，具有了质的判断而非仅仅是量的判断。③ 并且，它暗示我们对各种自由的价值可以通约；且自由与其他价值没有区别，比如尊严、生活保障、自主。

三、自由与资本主义的论证

这种论证肯定资本主义（capitalism）以及为之辩护的自由至上主义，理由是：资本主义推崇的不受限制的自由市场包含着更多的自由。然而，自由市场比福利国家（它是反资本主义的）包含着更多自由吗?一种通常的支持自由市场的观点认为：自由市场就是有自由拥有自身和财产、能够自由运用和转移财产，没有国家干涉，因此更自由。福利国家则要求国家通过税收和转移支付的方式施行再分配，而这干预了人们的自我所有权和财产所有权。

对此的批评主要包括两点：

---

① 威尔·金里卡．当代政治哲学［M］．刘莘，译．上海：上海译文出版社，2011：154-155.

② 威尔·金里卡．当代政治哲学［M］．刘莘，译．上海：上海译文出版社，2011：157.

③ 威尔·金里卡．当代政治哲学［M］．刘莘，译．上海：上海译文出版社，2011：157.

第一，如果这种自由是中性自由，而自由被理解为不受他人的阻碍地去做某事，那么自由资本主义本身就是保护了一部分人的自由而限制了其他人的自由。比如，保护了一个人（比如张三）占有和使用一块土地的自由，同时就是限制了另一个人（比如李四）占有和使用它的自由。因此，自我和财产所有权并未增加自由，而福利国家的再分配也并未减少自由。

第二，如果这种自由是道德的自由（合理的自由才是自由，比如偷窃的自由并不是自由，剥夺偷窃所得也不是侵犯自由），那么坚持自我和财产所有权本身就不能以自由为基础，因为是权利界定了自由而不是相反。而前面已经说明，这种绝对的自我所有权和财产所有权不能得到证明。

综上所述，虽然在诺奇克诉诸自我所有权的论证之外，基于互利的论证、自由的论证、自由与资本主义的论证，也提出了一些有价值的证明自由至上主义的思路，但它们所包含的洞见并不能掩盖它们所存在的漏洞。另外，与诺奇克的自我所有权的论证相比，后三条路径的论证在体系化水平、严密性程度方面，以及在其理论上的说服力和实践上的指导意义方面，都还与前者存在着一定的差距。

我们最后来对本章的内容做一个小结。与一般的右翼理论不同，自由至上主义捍卫自由市场的理由是认为自由市场本身是正义的。最典型的自由至上主义理论是诺奇克的“资格理论”，这一理论包含转移、正义的初始获得和对非正义的矫正三个原则。对自由至上主义的证明包括四种论证路径，它们分别是诺奇克的诉诸自我所有权的论证，以及另外三种论证，即诉诸基于互利的论证、诉诸自由的论证以及自由和资本主义的论证。我们对第一种论证路径，也就是诺奇克的诉诸自我所有权的论证进行了详细的解析，发现诺奇克的论证既不能推导出绝对的财产权，也不能充分地体现平等。另外，诉诸基于互利的论证、诉诸自由的论证以及自由和资本主义的论证也存在一定的缺陷。总之，与右翼意识形态的持久流行形成鲜明对比的是，右翼政治哲学家们对自由至上主义的证明并不是十分牢固和无懈可击的。

第三章

规范的马克思主义

“分析的马克思主义”（Analytical Marxism）是指自20世纪70年代起兴起于英美等国的一股马克思主义思潮，它“承袭了长期在英美国家占主导地位的分析哲学那种清晰严谨的风格，并致力于运用分析哲学和当代实证社会科学中的种种‘分析的’方法来进行马克思主义研究”①。一些分析的马克思主义学者承认并关注社会与政治生活中的规范（norm），所以他们的理论又可以被称为“规范的马克思主义”（Normative Marxism）。分析的马克思主义最初关注的主题十分广泛，不局限于规范性的主题。但是到了20世纪80年代中后期以后，分析的马克思主义的理论研究重点开始集中于一些规范性的主题，如平等、正义等。于是，规范的马克思主义便成了分析的马克思主义的主流。有学者将这一变化称为“分析的马克思主义的政治哲学转向”②。规范的马克思主义不同于科学的马克思主义，前者关注马克思本人很少讨论的社会与政治规范，后者强调马克思主义的科学性以及社会主义取代资本主义的历史必然性。科学的马克思主义回答的问题是社会主义为什么是必然

---

① 李旸．分析的马克思主义的政治哲学转向［M］．重庆：重庆出版集团，重庆出版社，2020：2.

② 李旸．分析的马克思主义的政治哲学转向［M］．重庆：重庆出版集团，重庆出版社，2020.

会出现的，它解释了阶级社会的内部矛盾；分析了阶级社会在矛盾运动中不断被超越的内在动力。而规范的马克思主义回答的问题是社会主义为什么是好的，它认为，社会主义比其他社会形态更平等、自由、民主，更有助于促进人们能力的发展。不过，通常来讲，规范的马克思主义并不否认科学的马克思主义关于经济与社会的一般结论。规范的马克思主义与其他政治理论比如前两章讨论的两种自由主义（自由平等主义和自由至上主义）也存在区别。自由至上主义肯定形式的平等（包括平等的公民权利、政治权利、机会平等），忽略物质的不平等。自由平等主义既肯定形式的平等，又要缩小物质的不平等。规范的马克思主义与自由平等主义更为近似，但是，它实现物质平等的方式不是允许生产资料私有制基础上的再分配，而是生产资料所有权的社会化。

第一节　经验正义和超越正义的马克思主义

当代规范的马克思主义的理论研究主要有两种路径：一种路径认为马克思主义包含一种规范的正义理论，马克思主义正义理论包括“剥削”“需要”（“需求”）和“异化”等范畴；另一种路径认为马克思主义并不包含一种规范的正义理论，或者认为马克思主义是超越正义的。在这一节中，我们先来看规范的马克思主义理论研究的第二条路径：这条路径要么认为马克思主义并不包含一种规范的正义理论，要么认为马克思主义是超越正义的。前一种观点认为，马克思主义主要是把正义作为一个经验的概念而不是作为一个规范的概念来使用的，也就是说，行为和制度只要与它们所处的那个社会的生产方式是相一致的，那么它们就是正义的。按照这种观点，马克思主义承认在资本主义社会里资本家的行为以及资本主义的制度本身是正义的，因为它们与这种社会的生产方式是相适应的。后一种观点认为，不仅资产阶级的正义观（及其包含的个人权利的观念）是有缺陷的，而且正义本身也是有缺陷的。在马克思主义关于未来理想社会——共产主义社会——设想中，正义将失去存在的必要。共产主义不但会超越权利这样的资产阶级法权概念，也会超越正义。

一、经验正义的马克思主义

在罗尔斯看来，正义是社会制度的首要美德，而不正义则成了对某种社会制度的最严重的指控。马克思主义看待正义的方式与自由主义者有很大的不同。一些分析马克思主义的学者，如罗伯特·塔克（Robert C. Tucker）、艾伦·伍德（Allen W. Wood）等人认为，马克思并没有用不正义来指控资本主义制度。比如，塔克就指出，与其说马克思关注的是正义，不如说关注的是人的自由存在和自我实现。马克思批判资本主义，与其说是为了从道义上指责其不正义，不如说是为了科学地揭示出其内在的缺陷，即它包含着极不人道的经济结构和社会制度。塔克断言："对马克思来说，论题不是正义，而是人在非人的力量的奴役下的自我的丧失，以及他通过对这种力量的总体克服而重新占有自身。"①

而伍德则指出："根据马克思和恩格斯的观点，从根本上讲，'正义'乃是一个法权（juridical）概念或法定（legal）概念，是一个与法律（law）和依法享有的权利（rights）相联系的概念。对他们来说，权利概念和正义概念是从法权的角度判断法律、社会制度和人类行为的最高理性标准"，"马克思对正义进行批判的根源，及其社会思想的根本

① TUCKER R C. Philosophy and Myth in Karl Marx [M]. NJ: Transaction Publishers, 2000: 222-223.

原创性，就在于他拒绝接受这种政治的或法权的社会概念。”①

正如马克思在《政治经济学批判》的序言中所强调的：“法的关系正像国家的形式一样，既不能从它们本身来理解，也不能从所谓人类精神的一般发展来理解，相反，它们根源于物质的生活关系，这种物质的生活关系的总和，黑格尔按照18世纪的英国人和法国人的先例，概括为‘市民社会’，而对市民社会的解剖应该到政治经济学中去寻求。”②根据马克思创立的历史唯物主义的观点，法权及其相应的权利和正义概念，既不是人类精神的一般发展的产物，也不是人类理性的抽象活动的产物。作为特定的生产方式评价自身的标准，它们只是在特定的生产方式下呈现于人类思维中的标准。因此，只有在与社会生活其他因素的恰当联系中来看待它们，并在现行的生产方式中来把握它们时，它们才能够得到正确的理解。

伍德仔细研究了马克思的著作，发现马克思在他的作品中并没有试图为权利或正义概念提供一种清楚和积极的界定。伍德认为，之所以会出现这样的情况，是因为在马克思的眼中，法权制度仅仅在社会生活中扮演了一种次要的角色。“在马克思看来，法权观念在本质上是片面的，因此，采用它作为根本立足点而来判断社会现实，这是采用了一种歪曲的现实观。”③ 这并不是说马克思完全摒弃正义的概念，而是说马克思主要是把正义的概念当作一个依附性的和经验性的概念来使用的。伍德引用了马克思在《资本论》第三卷第二十一章“生息资本”中的一段话来佐证这一观点：

---

① 艾伦·伍德．马克思对正义的批判［G］//李慧斌，李义天．马克思与正义理论．北京：中国人民大学出版社，2010：5.

② 中共中央马克思恩格斯列宁斯大林著作编译局．马克思恩格斯选集：第2卷［M］．北京：人民出版社，2012：2.

③ 艾伦·伍德．马克思对正义的批判［G］//李慧斌，李义天．马克思与正义理论．北京：中国人民大学出版社，2010：13.

> 生产当事人之间进行的交易的正义性在于：这些交易是从生产关系中作为自然结果产生出来的。这种经济交易作为当事人的意志行为，作为他们的共同意志的表述，作为可以由国家强加给立约双方的契约，表现在法律形式上，这些法律形式作为单纯的形式，是不能决定这个内容本身的。这些形式只是表示这个内容。这个内容，只要与生产方式相适应、相一致，就是正义的；只要与生产方式相矛盾，就是非正义的。在资本主义生产方式的基础上，奴隶制是非正义的；在商品质量上，弄虚作假也是非正义的。①

伍德指出，虽然马克思在这段文字中讨论的是交易的正义性，但他这里的论述也同样适用于行为、社会制度甚至法律和政治结构。概言之，“对马克思来说，行为或制度正义与否，不在于它是否体现了一种法权形式，或者是否与普遍原则相一致。正义不取决于人类行为与利益的普遍一致性，而取决于受历史条件制约的生产方式所提出的具体要求。针对特定行为或制度之正义性的合理评价，是以它们在特定生产方式中的具体作用为基础的”，“行为或制度的正义性就在于，它在这个生产方式中对这个情境的具体适应。”② 因此，在马克思的理论中，正义就不再是一个自主性的和规范性的概念，而是一个依附性的和经验性的概念；正义与否俨然成了一个经验性的事实判断，而与人们关于社会安排的理想无关。批判资本主义的不正义不但毫无意义，反而有可能会让无产阶级革命运动误入歧途。事实上，只要适应于其生产方式，资本主义非但不是不正义的，反而是正义的。

---

① 中共中央马克思恩格斯列宁斯大林著作编译局．马克思恩格斯全集：第 25 卷［M］．北京：人民出版社，1974：379.

② 艾伦·伍德．马克思对正义的批判［G］//李慧斌，李义天．马克思与正义理论．北京：中国人民大学出版社，2010：15.

既然在不同的生产方式下有着不同的正义，那么这是否意味着马克思主张相对主义。对此，伍德给出了否定的答案，并不认为马克思的正义概念是相对主义的。“人们并不一定要成为相对主义者，才能认为一个行为的正义性在很大程度上取决于该行为的发生环境，或是认为一种制度的正义性取决于它们的文化环境。”① 相对主义认为在不同民族、文化和时代之间，在关于特定行为或制度是否正义的问题上，存在着相互冲突的不同的答案，并且找不到协调它们的方法。马克思的正义概念并不涉及这样的观点。对马克思来说，行为或制度的正义与否将依赖于它们与它们所隶属的那个生产方式之间的关系，所以在某个生产方式中是正义的行为或制度，在另一个生产方式中又有可能是不正义的。比如，奴隶制在亚里士多德的时代就是正义的，但是到了资本主义时代，它就变成不正义的了。在伍德看来，“当马克思和恩格斯指出，不同时期不同地方的人们对‘永恒正义’的本质有不同见解时，他们体现的并不是相对主义立场，即认为不同的观点在不同时期和地点都‘正确’。毋宁说，他们是要证明，所有神圣化和意识形态化的正义概念在某些方面都是虚假的、充满误解的，因为正义概念的应用受制于时间和地点，不仅如此，他们即便是对自己所应用的那些制度，也常常表达的是一种片面的观点”②。

根据马克思使用正义概念的方式，资本主义是正义的。伍德在强调这一点时，并不是泛泛而谈，伍德在文章中专门讨论了资本主义的雇佣劳动，尤其是使得这种雇佣关系得以发生的那种工人与资本家之间的工资交易。伍德认为，按照马克思的观点，这种交易行为是完全正义的。

---

① 艾伦·伍德．马克思对正义的批判［G］//李慧斌，李义天．马克思与正义理论．北京：中国人民大学出版社，2010：17.

② 艾伦·伍德．马克思对正义的批判［G］//李慧斌，李义天．马克思与正义理论．北京：中国人民大学出版社，2010：17.

这是因为，资本家所提供的工资与工人所提供的劳动力之间的交换，是完全的等价交换，而根据商品规律，等价性乃是关于交换行为的一条正义原则。

与马克思同时代的很多社会主义者都持与此相反的观点，他们认为工人与资本家之间的工资交易是不平等的，因而也是不正义的。按照这些社会主义者的主张，工人为了一份相对固定的工资受雇于资本家，他们将自己的劳动与资本家提供的生产资料相结合，创造出新的商品，最后，工人所生产的商品价值要比资本家支付给他们的工资以及损耗的生产资料的价值的总和还要多得多。这部分多出来的价值——马克思把它称为“剩余价值”——被资本家无偿占有，这样的结果是不正义的。也就是说，工人劳动创造的价值（或者说生产过程中增加的价值），实际上分为两个部分，一部分可以抵消资本家向他们提供的工资，另一部分就是剩余价值。而资本家支付给劳动者的工资，仅仅占劳动创造的全部价值的很小一部分。所以，资本家在支付工人较低的工资的同时，却占有数额巨大的剩余价值，并因此而发财致富的做法是不正义的。

伍德认为这种批评的观点似是而非，实际上根本站不住脚。因为按照马克思主义的政治经济学，人类的劳动本身，即人的脑力和体力的创造性运用，在资本主义社会根本就不是什么商品。在资本主义社会，严格地讲，能够成为商品的是劳动力（labor power），而不是劳动。在工人与资本家的工资交易中，资本家购买的是工人的劳动力，而不是工人的劳动，而劳动力的价格（也就是工人的工资），一般来讲只是能够满足工人的生活（包括养育他们的子女）所必需的那种物质条件。正如马克思所指出的，工人的工资“不是它表面上呈现的那种东西，不是劳动的价值或价格，而只是劳动力的价值和价格的隐蔽形式”①。当然，

① 马克思．哥达纲领批判［M］．中共中央马克思恩格斯列宁斯大林著作编译局，译．北京：人民出版社，2018：22.

这里所谓的工人的“生活需要”包含着一种历史的和道德的因素，在中国，它也许只是一天一碗饭；而在富裕的美国，它可能意味着要给工人一辆小汽车、一台电视机以及其他的一些生活必需品。总之，劳动力的价格为其价值所决定，而劳动力的价值会随着生产力的发展以及相应的具体生产关系的变动而变动。关于工资的这一科学见解，伍德指出：

> 根据马克思的观点，支付给工人工薪的一般是其劳动力的全部价值。换言之，支付给工人的，乃是用于他作为工人而进行生命活动再生产的社会必需品。依据李嘉图的公式和商品交换的最严格规则，这是一种正义的交换，即“用等价物交换等价物”。剩余价值确实被资本家以不平等的方式占有。但是，在要求他以等价物交换等价物的交易中，却并不存在剩余价值。用工资来交换劳动力，这是发生在资本家和工人之间的唯一交换。这是正义的交换，它早在出售生产商品并实现其剩余价值的问题产生之前就已完成。资本家购买了一个商品（劳动力）并支付了它的全部价值；通过使用和剥削这一商品，他现在获得了一种比原先支付的价值还要大的价值。这个剩余价值就是属于他的，而从来不属于任何人的，他不欠任何人一分钱。①

当然，即便承认工人与资本家之间的工资交易并不存在任何不正义，似乎还是可以以“劳动所有权”为依据，说资本家占有工人劳动创造的剩余价值，这是不正义的。根据英国古典政治经济学家大卫·李嘉图（David Ricardo）的原则，劳动是唯一的创造价值的源泉和价值的真正基础，虽然劳动离不开生产资料，但生产资料除了在劳动中被消耗

① 艾伦·伍德．马克思对正义的批判［G］//李慧斌，李义天．马克思与正义理论．北京：中国人民大学出版社，2010：20.

而融入被劳动创造的产品中之外，并没有发生增值。所以，增加的价值似乎应该归属于它的创造者，也就是工人。这些增加的价值正是工人通过他们的劳动而产生出来的。正如洛克所言，一个人的身体“所从事的劳动和他的双手所进行的工作，我们可以说，是正当地属于他的”①。由于工人拥有自己的劳动，他也有权拥有自己使用劳动所生产的商品在扣除生产过程中消耗掉的生产资料的价值后的全部价值。所以，尽管在严格的意义上资本家并未与工人进行不平等（因而是不正义的）工资交易，但仍然可以说资本家掠夺了工人的无偿劳动的成果，取走了一部分本应属于工人的东西——剩余价值，这正是资本主义的不正义之处。

在伍德看来，这个论证建立在两个预设之上。第一个预设：资本家占有剩余价值实际上是占有工人一部分的劳动价值，而工人对这部分价值没有获得任何等价物；第二个预设：每个人都对自己的劳动拥有所有权，因此也都有权占有自己劳动创造的全部价值，而对一个人创造的这种价值的任何部分的剥夺，都是施加在这个人身上的不正义行为。② 马克思容易接受这两个预设中的第一个，但是无法接受第二个，因为马克思认为第二个预设在资本主义社会已经失去了存在的条件。在《共产党宣言》中，马克思、恩格斯在驳斥那些责备共产党人“要消灭个人挣得的、自己劳动得到的财产”的观点时就指出，支持这种观点的人主要是资产阶级出现以前的小资产阶级、小农。但是小资产阶级、小农珍视的“自己劳动得到的财产”，根本用不着共产党人去消灭，“工业的发展已经把它消灭了，而且每天都在消灭它”③。资本主义的发展使得社会日益分裂为两个相互直接对立的阶级——资产阶级和无产阶级，

① 约翰·洛克．政府论：下篇［M］．叶启芳，瞿菊农，译．北京：商务印书馆，2003：19.

② 艾伦·伍德．马克思对正义的批判［G］//李慧斌，李义天．马克思与正义理论．北京：中国人民大学出版社，2010：21.

③ 马克思，恩格斯．共产党宣言［M］．北京：人民出版社，2018：42.

这两个阶级一个拥有生产资料，另一个仅仅拥有劳动力。

正是资产阶级在日甚一日地消灭生产资料和财产分散状态的过程中，使生产资料集中起来，使财产聚集在少数人的手里。如果社会完全建立在小资产阶级、小农所愿望的那种个人所有权的基础上，资本主义根本就不会发展起来。因为每个个体都拥有自己的生产资料，所以劳动力在那样的社会中就不会变成被交易的商品。“在资本主义社会中，由于其生产力形式以及劳动和生产资料相分离的历史趋势，劳动力越来越广泛地成为商品。不过就跟其他商品一样，劳动力只是买来使用的；如果对购买者没有用，它就不能作为商品而存在。如果雇佣劳动者所生产的商品的全部价值都消耗在工资和生产资料中，那么，资本家就不会从他所购买的劳动力中得到好处，于是，他会更情愿简单地把自己的生产资料的价值转换成他能够消费的商品的价值。假如他无法实现剩余价值，那么资本家便会缺乏发展生产力的动力，也没法践行那些可以让他获得上帝和别人赞赏的审慎节制的美德。”① 这种审慎节制的美德便是德国社会学家马克斯·韦伯（Max Weber）所强调的“新教伦理”。

正如在资本主义社会中，交易的正义性依赖于它对资本主义生产方式的适应，资本家占有剩余价值的正义性也依赖于它对资本主义生产方式的适应。“在个人所有权制度中，以劳动为基础的所有权之所以正义，是因为这些权利适应了拥有各自生产资料的个体生产者之间的生产关系。那么，出于同样的原因，在资本主义条件下，这些财产权的翻转也同样是正义的。”② 事实上，资本主义之所以可能，关键就在于使劳动力成为商品；而如果劳动力没有为资本创造剩余价值，它就根本不会

① 艾伦·伍德．马克思对正义的批判［G］//李慧斌，李义天．马克思与正义理论．北京：中国人民大学出版社，2010：22.

② 艾伦·伍德．马克思对正义的批判［G］//李慧斌，李义天．马克思与正义理论．北京：中国人民大学出版社，2010：22-23.

作为商品出现。所以，假如没有剩余价值，假如工人没有进行无偿劳动，那么资本主义生产方式也就不可能出现。当然，这种假设是与历史事实不相符的。

正是由于适应了资本主义的生产方式，资本家对剩余价值的占有不仅是正义的，而且任何阻止这种占有的做法都是不正义的。伍德指出：马克思拒绝接受拉萨尔主义者所热衷的诸如“公平的报酬”“做一天公平的工作，得一份公平的工资”之类的口号，是因为在他看来，这类口号把工人的注意力从资本主义生产方式的内在矛盾转移到法权等问题之上。“一份‘公平的工资’，仅仅因为是份工资，便意味着资本购买了劳动力。工人无论是被支付公平的工资还是不公平的工资，都在遭受同样的剥削。”① 而剥削工人是资本主义的本质，并且会随着资本主义的发展愈演愈烈，直至资本主义陷入全面的危机。但这是一个现实的社会演变过程，并不是资产阶级的法权结构能够控制和调节的。

总之，以伍德为代表的一些分析的马克思主义者（他们热衷于讨论正义，所以也属于规范的马克思主义者）认为，马克思主义根本就不是从规范的角度来使用正义的概念的，比如马克思本人更看重的其实是正义概念在社会生活中实际扮演的角色，因而他所使用的其实是依附于生产方式的、描述性的正义概念。这些学者进而强调从正义概念的角度批评资本主义本身是有着严重的缺陷的，马克思本人就坚决拒绝这种路径。伍德还专门批评了那些试图从马克思对资本主义的诸多谴责中重构“马克思的正义理念”的人，认为这些人的努力“顶多只是把马克思对资本主义（或资本主义某些方面）的批判，转换成被马克思本人

① 艾伦·伍德．马克思对正义的批判［G］//李慧斌，李义天．马克思与正义理论．北京：中国人民大学出版社，2010：23.

一贯视为虚假的、意识形态的或‘神秘的’形式”①。

二、超越正义的马克思主义

超越正义的马克思主义认为，马克思主义所谓的正义主要是指资产阶级的正义。如上文所述，马克思、恩格斯在谈论资产阶级正义时，主要是把它当成一个法权概念而非道德的概念来使用的。超越正义的马克思主义并不否认这一点，不过，它主要关注的是资产阶级正义（这种正义支持“平等关照”的原则，并且认为“平等关照”要求尊重某些个人权利）的局限性，而不是像经验正义的马克思主义那样，直接否定规范的正义概念的存在。事实上，马克思主义经典作家确实并没有在他们的作品中简单地肯定资产阶级正义，而是对这种正义持有一种批判的态度。

首先，他们批评正义掩盖了资本主义社会更为深刻的不平等。马克思主义也支持“平等关照”，但否认任何一种“平等权利”（马克思把它们称为资产阶级的权利）能够兑现这个原则。这是因为，在资本主义社会“权利”只是在形式上属于全体人民，而实质上体现的是资产阶级这一统治阶级的利益。英国有句法律谚语：“风能进，雨能进，国王不能进。”它强调的是，就算如国王这般有权势且尊贵的人，也不能任意侵犯臣民哪怕十分微薄的个人财产权。但实际上，个人财产权对不同的人有不同的价值。“对拥有一栋豪华的乡间别墅和仅仅拥有一间不能挡风遮雨的茅草屋的人而言，财产权的意义是不一样的。”② 总之，在马克思主义看来，资产阶级权利具有形式化的特点，在使用同一尺度看待人的同时，却掩盖了人与人之间的实质差别，尤其是掩盖了资本主

① 艾伦·伍德．马克思对正义的批判［G］//李慧斌，李义天．马克思与正义理论．北京：中国人民大学出版社，2010：29.

② 王涛．新时代人民美好生活需要的理论意蕴［J］. 创新，2018（6）.

义社会中残酷的经济剥削和严酷的政治压迫。

在《哥达纲领批判》中，马克思指出，在刚刚脱胎于发达资本主义的社会主义中，由于社会生产还不能够提供涌流的集体财富，因此还存在生产者的权利。马克思认为，这个生产者的平等的权利依旧被限制在一个资产阶级的框里。他这样评价生产者的权利：

> 生产者的权利是同他们提供的劳动成比例的；平等就在于以同一尺度——劳动——来计量。但是，一个人在体力或智力上胜过另一个人，因此在同一时间内提供较多的劳动，或者能够劳动较长的时间；而劳动，要当作尺度来用，就必须按照它的时间或强度来确定，不然它就不成其为尺度了。这种平等的权利，对不同等的劳动来说是不平等的权利。它不承认任何阶级差别，因为每个人都像其他人一样只是劳动者；但是它默认，劳动者的不同等的个人天赋，从而不同等的工作能力，是天然特权。所以就它的内容来讲，它像一切权利一样是一种不平等的权利。权利，就它的本性来讲，只在于使用同一尺度；但是不同等的个人（而如果他们不是不同等的，他们就不成其为不同的个人）要用同一尺度去计量，就只有从同一个角度去看待他们，从一个特定的方面去对待他们，例如在现在所讲的这个场合，把他们只当作劳动者，再不把他们看作别的什么，把其他一切都撇开了。①

马克思承认，虽然在（社会生产力还没有发展到高度发达的程度的）社会主义阶段人剥削人的现象已经被消除了，但劳动的权利并不能解决平等待人的问题。“一个劳动者已经结婚，另一个则没有；一个

① 马克思．哥达纲领批判［M］．中共中央马克思恩格斯列宁斯大林著作编译局，译．北京：人民出版社，2018：15.

劳动者的子女较多，另一个子女较少，如此等等。因此，在提供的劳动相同，从而由社会消费基金中分得的份额相同的条件下，某一个人事实上所得到的比另一个人多些，也就比另一个人富些，如此等等。要避免所有这些弊病，权利就不应当是平等的，而应当是不平等的。”①

其次，他们批评关于“正义分配”的理论过于关注分配，而不关注更为根本的生产问题。一个社会的物质生产活动包括生产、交换、分配等环节。其中，分配是由生产和交换决定的，而不是由道德因素决定的，但分配反过来又能够对生产和交换产生反作用；而交换是生产与分配的中介，没有交换，分配便不能进行。马克思指出：“在所谓分配问题上大做文章并把重点放在它上面，那也是根本错误的”，“消费资料的任何一种分配，都不过是生产条件本身分配的结果；而生产条件的分配，则表现生产方式本身的性质”。② 伍德正确地转述了马克思关于分配的观点：“分配不是与生产平行的东西，不是与其无关的东西，也不是人们凭其道德和政治智慧就能进行修改的东西。所有的分配方式都由生产方式决定，属于生产方式的一个功能性部分。”③

恩格斯在批评杜林的经济学时，也批评他脱离生产和交换来谈论分配，并妄图诉诸他所谓的道德、法律和历史的原则。恩格斯指出，杜林首先错误地把生产和交换合而为一，统称为生产，然后使分配与生产并列，可是“分配就其决定性的特点而言，总是某一个社会的生产关系和交换关系以及这个社会的历史前提的必然结果，只要我们知道了这些关系和前提，我们就可以确切地推断出这个社会中占支配地位的分配方

① 马克思．哥达纲领批判［M］．中共中央马克思恩格斯列宁斯大林著作编译局，译．北京：人民出版社，2018：15-16.

② 马克思．哥达纲领批判［M］．中共中央马克思恩格斯列宁斯大林著作编译局，译．北京：人民出版社，2018：16.

③ 艾伦·伍德．马克思对正义的批判［G］//李慧斌，李义天．马克思与正义理论．北京：中国人民大学出版社，2010：25.

式。但是我们也知道，杜林先生如果不想背叛他在道德、法律和历史的观点方面所‘确立的’原则，他就必定会否认这一基本的经济事实，特别是当他需要把他的两个不可缺少的男人偷运进经济学的时候，他必定会这样做。在分配终于同生产和交换脱离了一切联系以后，这一伟大的事变就可以发生了”①。

在恩格斯看来，杜林的经济学可以归结为这样一个命题，即“作为对物的支配的财富，即生产财富，是好的方面；作为对人的支配的财富，即到现在为止的分配财富，是坏的方面，应该扔掉它！用于今天的关系，那就是：资本主义的生产方式是很好的，可以继续存在，但是资本主义的分配方式完全不适用，必须废除”②。在杜林看来，分配和生产是没有联系的，分配不是由生产来决定，而是由纯粹的意志行为来决定。所以，他对资本主义社会的生产方式根本没有提出任何指责，并且主张在“共同社会”中应保持旧的分工的一切方面，只是在分配问题上臆造出了一套分配模式。我们不难发现，杜林先生的“共同社会”不过是他的上述经济学命题在幻想中的实现。因为割断分配与生产的联系，抽象地讲分配（以及“正义分配”）的做法，只是一种主观的臆想。

事实上，是生产和交换的方式和方法决定了产品分配的方式和方法，而不是相反。正如恩格斯在论述这个问题时所强调的那样：“随着历史上一定社会的生产和交换的方式和方法的产生，随着这一社会的历史前提的产生，同时也产生了产品分配的方式和方法。”③恩格斯举了很多例子来说明这个问题。例如，在原始社会的氏族公社或农村公社里，生产资料是为全体公社成员所有的，但其生产力低下，劳动产品很少，

① 恩格斯．反杜林论［M］．北京：人民出版社，2018：162-163.
② 恩格斯．反杜林论［M］．北京：人民出版社，2018：198.
③ 恩格斯．反杜林论［M］．北京：人民出版社，2018：156.

交换只是偶然发生的。这种情况决定了原始社会只能相当平等地分配产品。后来，由于生产力的发展，生产有了剩余，分配随之产生了比较大的不平等，而阶级的差别也伴随着分配上的差别的出现而出现。总之，不同的生产方式决定了不同的分配方式，相对于分配方式，生产方式的问题才是更为根本的问题。

恩格斯还指出，每一种社会的分配方式与生产方式的相互作用的情况，无论是适应还是不适应，都经常性地反映在人们的观念情绪上。“当一种生产方式处在自身发展的上升阶段的时候，甚至在和这种生产方式相适应的分配方式下吃了亏的那些人也会欢迎这种生产方式。大工业兴起时期的英国工人就是如此。不仅如此，当这种生产方式对于社会还是正常的时候，满意于这种分配的情绪，总的来说，会占支配地位”，“只有当这种生产方式已经走完自身的没落阶段的颇大一段行程时，当它多半已经过时的时候，当它的存在条件大部分已经消失而它的后继者已经在敲门的时候——只有在这个时候，这种越来越不平等的分配，才被认为是非正义的，只有在这个时候，人们才开始从已经过时的事实出发诉诸所谓永恒正义”①。但是，这种道义上的愤怒，无论多么入情入理，马克思主义的经济科学也不能把它看作证据，而只能把它看作这一生产方式快要瓦解的征兆。

超越正义的马克思主义不仅批判资产阶级的正义观及其要求的对个人权利的保护，而且还对正义本身有一种更严重的批评，即认为正义本身就是有缺陷的，它虽然在社会主义阶段还无法避免，但最终会在更高级的共产主义阶段被完全超越。这种超越具体表现在两个方面：一是随着正义的条件的消失，正义会变得既无必要，也无优先性；二是即便在正义的条件未消失时，正义也不是首要的道德，而只是补救性的道德。

---

① 恩格斯．反杜林论［M］．北京：人民出版社，2018：157-158.

首先，正义在未来的共产主义社会将失去存在的必要。正义的条件是资源的相对稀缺和人与人之间目标的有限分歧。对于资源的相对稀缺这个条件，“休谟是用有关满足人类需求的较高和较低的自然的慷慨这一术语加以分析的。较高的限度是，如果人类需要的所有东西像空气一样充足可靠（古典诗人虚构的黄金时代），审慎、妒羡的德行就永远无法形成”①。在这种情况下，正义是完全无用的（不必要的），因为正义的主要问题是指导短缺的东西的分配。但是，如果人类需要的所有东西都是极度稀缺的，以至于不能够维持任何形式的社会合作，那么正义在那样的情况下也是不可能存在的。人类的适度利己及其导致的人与人之间目标的有限分歧的条件，也排斥两种极端的情况——人们利益或目标的完全一致和不可调和的分歧。正如大卫·休谟（David Hume）所讲：“正义规则的最初确立是依靠于这些不同的利益的。但是人们如果是自然地追求公益的，并且是热心地追求的，那么他们就不会梦想到要用这些规则来互相约束；同时，如果他们都追求他们自己的利益，丝毫没有任何预防手段，那么他们就会横冲直撞地陷于种种非义和暴行。”②

共产主义将消灭这两个条件——目标的有限冲突和物质的相对匮乏，从而使正义没有存在的必要。“在共产主义社会高级阶段，在迫使个人奴隶般地服从分工的情形已经消失，从而脑力劳动和体力劳动的对立也随之消失之后；在劳动已经不仅仅是谋生的手段，而且本身成了生活的第一需要之后；随着个人的全面发展，他们的生产力也增长起来，而集体财富的一切源泉都充分涌流之后，——只有在那个时候，才能完全超出资产阶级权利的狭隘眼界，社会才能在自己的旗帜上写上：各尽

① 布莱恩·巴里．正义诸理论［M］．孙晓春，曹海军，译．长春：吉林人民出版社，2004：196.

② 休谟．人性论：下册［M］．关文运，译．北京：商务印书馆，2015：533.

所能，按需分配!”[①] 根据马克思的设想，到了共产主义社会，人的素质会得到极大提高，同时物质财富也会变得极大丰富。结果就是，随着正义的条件的消失，正义也失去存在的意义了。不过，有关正义最终会消亡的这个观点尚且存在两个方面的缺陷。一方面，目标冲突无法通过共享一组目标得到解决。因为就算我们共享一组目标，我们相互之间仍然有可能会发生冲突，比如父母都关爱自己的子女，希望子女拥有无限的前程，但是他们有可能会在如何教育子女的问题上发生严重的分歧。而且，虽然冲突本身并不具有价值，但是使得冲突必然得以发生的目标的多样性，却可能具有价值。另一方面，某些物质的匮乏问题可能是根本无法彻底解决的。某些资源（如适合人类居住的空间）天然是有限的，而有些资源（如石油、天然气、矿产，甚至包括纯净的空气和清洁的水等）的稀缺性非但不会随着经济的发展而被克服，反而可能会随着经济的发展变得越来越严重。

其次，强调正义容易损害人们之间相互关爱（care）的关系。在存在共同利益或者说充满仁爱的情况下区分什么是你的、什么是我的容易损害彼此的感情。因此，正义根本不是什么首要的道德，而仅仅是一种补救性的道德。“正义一般独立于社会诸价值之外，独立于充满争议的各种主张之外，作为一个公平决策的程序置于这些价值和主张之上。”[②] 由于正义是用来调节人们之间的利益冲突的，所以正义的出现往往意味着人与人之间关爱（或者说仁爱关系）的消失。虽然正义能够规范人与人之间的关系，保障个人权利，但正义的产生通常预示着人与人之间的冲突，同时也预示着拥有亲密关系的共同体（马克思主义者强调的

① 马克思．哥达纲领批判［M］．中共中央马克思恩格斯列宁斯大林著作编译局，译．北京：人民出版社，2018：16.

② 迈克尔·J. 桑德尔．自由主义与正义的局限［M］．万俊人，等，译．南京：译林出版社，2001：20.

是人们自愿结成的共同体，而非共同体主义者认可的那种既有的共同体）的瓦解。但是，相互关爱的人之间纵然确定了彼此的权利，也并不意味着人们会使用这些权利。正义并不必然会损害人们之间相互关爱的关系。

正义是可以相容于对他人的关心的，而且正义本身就是关心他人的一种重要形式。伍德讲："根据某些哲学家的观点，人类社会是在利益和谐的基础上建立起来的，也就是说，社会性的关系对其中的参与者是彼此有利的。然而，在马克思看来，以往的人类社会却同样建立在利益冲突的基础上，建立在一个阶级为了满足另一个阶级的利益而被迫劳动的基础上。"① 马克思主义强调阶级社会中的冲突，否认调和的可能性。虽然马克思相信，在未来的共产主义社会人们之间的利益将会变得协调一致，但人类社会关系的复杂性源自人性的复杂性。人性中既有合群的一面，也有相互疏离的一面；人类社会的现实关系，既有利益一致、团结的一面，也有利益冲突、分裂的一面。而正义一方面并不会破坏社会成员之间的亲密关系，另一方面却能够在一个人受到威胁、压迫时给予其急需的支持和帮助。从这个意义上讲，在冲突仍然无法被彻底消除的社会条件下，正义乃是社会制度的底线的美德，它是捍卫个人利益和尊严的最后一张安全网。而且，正义包含了对个人的权利尊重，这其实是主张把人当作目的来尊重。正如金里卡所指出的："正义不只是补救道德。正义的确可以通过弥补某些缺陷而对社会起到协调作用，而这些缺陷又不可能被彻底消除；但正义也表达了对个人的尊重，把个人当作自身的目的而加以尊重，而不是把个人当作实现他人利益甚至实现共同利

① 艾伦·伍德．马克思对正义的批判［G］//李慧斌，李义天．马克思与正义理论．北京：中国人民大学出版社，2010：33.

益的手段。"① 总之，正义是为了限制不正义，而不是为了限制人们相互的关爱。

第二节　马克思主义的规范正义理论

与上一节介绍的第二条路径不同，规范的马克思主义理论研究的第一条路径认为马克思主义包含一种有价值的规范的正义理论。比如齐雅德·胡萨米（Ziyad Husami）就指出："在马克思的表述中，无产阶级及其代言人运用无产阶级的正义标准批判资本主义的分配活动，这是有效的。"② 根据这些学者的主张，即便在资本主义社会，无产阶级也"可以在实践、革命和运思中发现或构思出与现有的正义概念保持张力的不同的正义概念。"③ 这是因为"人们都有意识，因此他们都会思考。他们对过去、现在和将来进行反思、比较和评价"④。在资本主义社会中，这种批判既有（资产阶级的）正义概念的马克思主义的正义概念，也许还未占据主导，但是它们会随着资本主义社会的不断没落而日益发展壮大，并在指导无产阶级革命的实践和革命后新社会的建设中发挥作用。支持第一条研究路径的学者还通过区分马克思主义对资本主义正义的"解释标准"和对资本主义正义的"评价标准"，进而得出马克思主

① 威尔·金里卡．当代政治哲学［M］．刘莘，译．上海：上海译文出版社，2011：186.

② 齐雅德·胡萨米．马克思论分配正义［G］//李慧斌，李义天．马克思与正义理论．北京：中国人民大学出版社，2010：47.

③ 李义天．捍卫规范性——道德与政治哲学论文集［M］．北京：人民出版社，2018：34.

④ 齐雅德·胡萨米．马克思论分配正义［G］//李慧斌，李义天．马克思与正义理论．北京：中国人民大学出版社，2010：47.

义在对资本主义进行评价时，具有自己的一套规范的正义理论的结论。在那些承认马克思主义包含一种规范的正义理论的学者们看来，马克思主义正义理论主要包括“剥削”“需要”（“需求”）和“异化”等范畴。“剥削”“需要”（“需求”）和“异化”这三个范畴主要是马克思在批判资本主义社会、设想未来理想社会——共产主义社会——时被系统地讨论或初步地提及的。

一、剥削理论

一般意义的剥削是指在交易和相互关系中不公平地利用了他人。比如《朗文当代高级英语辞典》中“剥削”（exploit）这个词条的第一项释义就是“利用（他人）为自己谋私利”①。从这种意义上说，每种正义理论都包含有一个剥削的观点，因为剥削就是侵占了他人基于正义原则的公平份额。比如在罗尔斯的公平正义中，天赋高的人在没有令天赋较低的人受益的情况下就占有他使用天赋取得的一切成果，这也可以称为剥削了他人。在日常生活中，“剥削”一词经常遭到滥用，这是因为只要交易和相互关系中的一方比另一方受益更少，前者就可能会声称遭受剥削，并用“剥削”一词来指责对方。“但是，并不是所有不平等地分配利益的交易都是剥削性的。”② 正如鲁思·桑普尔（Ruth J. Sample）所强调的，一般意义的剥削的关键在于不恰当、不公平地利用了他人，而非不平等地分配利益（甚至是极端不平等地分配利益）。

但剥削的一般意义太宽泛了，马克思主义者并不是在这一宽泛的意义上使用剥削的概念的。马克思认为，剥削专门指资本家对工人没有报

① 艾迪生·维斯理·朗文出版公司辞典部．朗文当代高级英语辞典（英英·英汉双解）［K］．朱原，等，译．北京：商务印书馆，艾迪生·维斯理·朗文出版社中国有限公司，2002：517.

② SAMPLE R J. Exploitation：What It Is and Why It's Wrong［M］. Washington：Rowman & Littlefield Publishers，2003：1.

酬的那部分劳动价值（剩余价值）的占有。而且，资本家对工人的剥削是以一种隐蔽的形式进行的。正如伍德所指出的："资本家的剥削不是一种欺诈性的交换或经济上的不正义，而是对工人的一种隐蔽支配。资本主义是一种奴隶制度，并且是一种更阴险的奴隶制度，因为其支配关系和奴役关系在被这样实施，却没被这样理解。"①

我们从马克思关于资本主义经济制度的批判中可以看到，他对（资本主义社会中的）剥削下的是一种技术性（而非评价性）的定义：剥削是指在劳资关系中，资本家从工人劳动中所榨取的价值，超过了给予工人的工资，即资本家获得了工人创造的剩余价值。资本主义社会的劳资关系本质上就是剥削关系。但剥削并不仅限于资本主义社会，马克思认为，剥削的概念是超历史的，不仅在资本主义社会存在，在资本主义以前的阶级社会也存在。所以，既有资本家对工人的剥削，也有封建主对农奴的剥削，还有奴隶主对奴隶的剥削。概而言之，马克思认为，剥削指的是"剩余价值的强迫转移"，无论剩余价值是哪种劳动者生产的。不过，马克思关注的主要还是资本家对工人的剥削。根据金里卡的总结，马克思关于资本主义经济剥削的论证逻辑是这样的：

(1) 只有劳动才创造价值。

(2) 资本家获得了产品的一部分价值。

(3) 劳动者所获得的价值要少于他所创造的价值。

(4) 资本家获得了劳动者所创造价值的一部分。

(5) 劳动者被资本家所剥削。②

① 艾伦·伍德．马克思对正义的批判［G］//李慧斌，李义天．马克思与正义理论．北京：中国人民大学出版社，2010：34.

② 威尔·金里卡．当代政治哲学［M］．刘莘，译．上海：上海译文出版社，2011：190.

但是，步骤（1）“只有劳动才创造价值”存在这样的问题，即不是所有的劳动都能创造价值，付出劳动的产品不一定有价值。由于产品的价值是由当下所需的生产这种产品的劳动量（可以用社会必要劳动时间，即中等劳动条件下生产商品所花费的劳动时间来度量）决定，而不是由工人在生产中实际投入的劳动量决定，因此工人实际投入的劳动不一定是价值的决定因素（无效劳动甚至不能创造任何价值）。重要的不是工人创造了价值，而是工人创造了有价值的产品。金里卡认同英国政治哲学家 G. A. 科恩（G. A. Cohen）的看法，认为有必要修正这个论证中的步骤（1），将它调整为“只有劳动者才是创造产品的人，而产品具有价值”①。

资本主义社会中的剥削无疑是资本家对工人的一种奴役。然而，并不是所有的分析的马克思主义学者都把剥削看作一种不正义。比如在伍德看来，虽然资本家对工人的剥削对后者来说是一切凄惨、堕落和不满的源泉，但它并非一种不正义。与其说这种奴役是不正义的，“毋宁说，资本对工薪工人的奴役乃是资本主义生产方式根本的、不可或缺的部分，资本主义社会无论是通过自有立法还是通过诚恳的解决办法以尊重所有社会成员的‘人权’，都不能消除这一点”②。但也有一些分析的马克思主义学者承认剥削是一种不正义。比如 R. G. 佩弗（R. G. Peffer）就指出：“有几个有趣而重要的问题：第一，剥削的定义中是否包含强迫；第二，是否应该认为劳动剥削理论暗示着某种不公平或不正义。就马克思的经济剥削理论来看，似乎对这两个问题都予以肯

① 威尔·金里卡．当代政治哲学［M］．刘莘，译．上海：上海译文出版社，2011：191.

② 艾伦·伍德．马克思对正义的批判［G］//李慧斌，李义天．马克思与正义理论．北京：中国人民大学出版社，2010：35.

定回答才是合理的。"① 佩弗区分了简单剥削、严格剥削和从全盘考虑来看不正当的剥削，它们的含义分别是：

> （1）简单剥削：剩余价值被占有或者是直接生产者无法获得他们所生产的全部价值。
>
> （2）严格剥削：强迫的、无酬的、剩余的劳动，其产品无法被直接生产者所控制。
>
> （3）从全盘考虑来看不正当的剥削：并没有因为它有利于其他某些重要的道德考虑而获得正当性的（严格）剥削。②

在佩弗看来，由于简单剥削可能是为了相互利益而公平协定的结果，它不能被认为在初始上是有错的。但是，后两种剥削，也就是严格剥削和从全盘考虑来看不正当的剥削，均具有否定性的评价意义。其中，"严格剥削作为强迫的、无酬的、剩余的劳动来说，在初始上总是有错的；但从全盘考虑来看并不一定是有错的"③。比如，资本主义剥削在初始上是有错的，但如果我们听信资本主义辩护士所说的，资本主义生产方式是满足人们的物质需要、维护政治民主和公民权利的必要条件的话，那么这种剥削从全盘考虑来看就有可能是正当的。当然，马克思绝不相信资本主义辩护士编造的那些虚假的言辞（这些辩护士凭借编造这类言辞作为他们谋生的手段）。马克思根据他生活时代的经验，明确提出了资本主义剥削从全盘考虑来看是不正当的剥削。

① R. G. 佩弗．马克思主义、道德与社会主义［M］. 吕梁山，李旸，周洪军，译. 北京：高等教育出版社，2010：144.

② R. G. 佩弗．马克思主义、道德与社会主义［M］. 吕梁山，李旸，周洪军，译. 北京：高等教育出版社，2010：158-159.

③ R. G. 佩弗．马克思主义、道德与社会主义［M］. 吕梁山，李旸，周洪军，译. 北京：高等教育出版社，2010：159.

胡萨米也支持剥削除了技术意义外还具有评价意义的观点。他认为资本主义社会中的剥削就是不正义，而被压迫阶级意识中的规范要素，乃是破坏和推翻奴役性的社会制度的（与客观条件相对的）主观条件。

> 奴隶以一种规范，以一种与奴隶制社会生产方式不一致的人的观念，或与奴隶主利益不一致的人的观念，审视了他生活中的情形：这使他明白，作为一个人，他与奴隶主是平等的，没有什么正当理由使他成为另一个人的财产。无产阶级，随着阶级意识的发展，也以与资本主义生产方式不一致的标准来评价资本主义。他判断，以私有财产制加在他身上的从而导致劳动能力与实现劳动能力的手段或条件（生产工具）的分离是“不恰当的”，他的劳动产品是他自己的产品。这一判断有助于促使资本主义灭亡。①

胡萨米批评伍德和塔克曲解了马克思的理论。“由于只看到规范的社会决定因素，而忽略了规范的阶级决定因素，他们认为，对马克思来说，当规范与生产方式相适应时就是正义的，当它与生产方式不相适应时就是不正义的。他们忽视了马克思关于在同一生产方式内的道德观念与被压迫阶级之间关系的看法。”② 在胡萨米看来，在资本主义社会中，被压迫阶级，也就是无产阶级，也能够通过他们的知识分子形成不同于资产阶级标准的正义概念，并对现行的生产资料分配和收入分配予以否定性的评价。正如资产阶级有反映其自身利益和阶级地位的自由、平等观念，无产阶级及其知识分子也能够形成另一种自由、平等观念。尽管

① 齐雅德·胡萨米．马克思论分配正义［G］//李慧斌，李义天．马克思与正义理论．北京：中国人民大学出版社，2010：51-52.

② 齐雅德·胡萨米．马克思论分配正义［G］//李慧斌，李义天．马克思与正义理论．北京：中国人民大学出版社，2010：49.

统治阶级总希望维持其观念和理想的霸权地位，但是，被压迫阶级用不同的观念和理想来评判既有社会却依然是可能的。马克思提出的对资本主义经济剥削的批判就是一种无产阶级的正义规范。

不过，主张剥削的概念在马克思主义的理论中具有否定性的评价意义，剥削就是一种不正义的理论，尚且存在以下几个方面的困难：

第一，这样的剥削理论在一些情况下太宽泛。某些强迫的剩余价值转移也是正当的，但剥削理论却把它们包括在其中。比如，通过向工人征税以帮助那些存在自然劣势的人，像小孩、残疾人等，按照剥削就是“剩余价值的强迫转移”的技术性定义，这种类型的征税也是对工人的剥削。但是，正如佩弗所强调的：“关于以此为目的的征税是不是一种剥削形式的问题或多或少还有点费解，但我认为，任何直接果断地判定这是一个残疾人在剥削健全人的案例的理论多少有些离题。”① 而且，剥削理论隐含着自我所有权的观念，因为我有权拥有我自身，所以我有权拥有我的劳动产品。这恰好是诺奇克关于财产权的辩护中最关键的一个步骤。然而，佩弗认为，这种诉诸自我所有权的论证在涉及国家及其公民的问题时是无效的：“剥削作为从一个阶级转移到另一个阶级身上的强迫的、无酬的、剩余的劳动在初始上是有错的，以至于一旦具备历史可能性就要将其消灭；但让人不明白的是，当参与者是国家及其公民时，这种安排还是不是应该被判定为在初始上有错的。事实上——诺奇克的论证是站不住脚的——我们当中很少有人愿意将它们打上剥削形式的标记。”②

第二，这样的剥削理论在另一些情况下又太狭窄。某些“非强迫”

① R.G. 佩弗. 马克思主义、道德与社会主义［M］. 吕梁山，李旸，周洪军，译. 北京：高等教育出版社，2010：176.

② R.G. 佩弗. 马克思主义、道德与社会主义［M］. 吕梁山，李旸，周洪军，译. 北京：高等教育出版社，2010：165.

的剩余价值转移也是不正当的，但剥削理论却把它们遗漏在其外。比如，在每个人具有一定基本福利以满足基本需要的情况下，就像在当代福利国家的资本主义社会中那样，人们当然可以选择不工作，依靠福利国家提供的一些基本的福利保障也能够活下去。按照剥削理论，如果我们不工作，那么我们就不会遭到剥削（因为在我们的身上不存在强迫的剩余价值转移）。但是，如果人们要过上体面的生活，他们就不得不去给资本家打工。诚然，工人可以依靠基本的福利保障而活下来，但"这一选项很难让人觉得有足够的吸引力以至于有理性的人会选择它而不是选择一份收入合理的工作"①。为了过上体面的生活，工人只能去给资本家打工，而没有其他的选择，这难道不正预示着"强迫"的存在？就算工人因为具有一些基本的福利保障，不工作也能活，便能说他们摆脱了遭受剥削的处境吗？

第三，这样的剥削理论忽视了那些未受剥削但是受到伤害的人们的诉求，比如因性别歧视而不能就业的女性、受歧视的少数族裔（种族）成员、乞丐和其他失业者等。马克思主义重视的是无产阶级的历史使命，强调这个阶级的先进性和革命性，及其在革命中的领导地位，剥削理论也主要是针对无产者的；其他的受压迫阶级，在无产阶级革命中只具有从属的地位，并有可能因为革命的不坚定性而发挥消极作用，而剥削理论也没有充分地考虑这些人的诉求。另外，正如艾丽斯·M. 杨（Iris Marion Young）等人所强调的，与自由主义主流的正义观一样，剥削理论只关注物质利益的分配，而不注重权力（power）的分配，忽视了（人际）差异、承认（recognition）等因素。

除了一般意义上的剥削、经典马克思主义（技术）意义上的剥削，还有作为资源分配不平等的剥削。正如佩弗所指出的："尽管马克思似

① R. G. 佩弗. 马克思主义、道德与社会主义［M］. 吕梁山，李旸，周洪军，译. 北京：高等教育出版社，2010：162.

乎显然将剥削理解为强迫的、无酬的、剩余的劳动，但很多人还是完全否认在资本主义制度下工人被强迫去劳动这一事实。”① 根据这种剥削理论，剥削不再作为强迫的剩余价值转移，而是作为对资源（尤其是生产资料）分配平等的违背。剥削（不平等分配）不一定是不正义的，错误的剥削才是不正义的。主张这种观点的人包括约翰·罗默（John Roemer）、理查德·阿内森（Richard Arneson）等人。比如罗默就指出："剥削令人感兴趣的真正原因并不在于我们关注劳动的转移，而是在于我们关注它所隐含的生产资料的不平等。”② 但这类理论的问题是，需要从更宽泛的不平等分配才能推出剥削的观念，而这种不平等分配的剥削观念与自由平等主义难分彼此。同时，它们会使得作为劳资关系的剥削概念被削弱，因为在这种理论看来，劳资关系不一定是不正义的。

二、需求理论

什么是“按需分配”？存在两类观点：一类观点把它当成一条对未来理想社会（共产主义社会）的描述性的原则，而非一条评价性原则；另一类观点则反其道而行，把它当成一条对西方现存（资本主义）社会（在这个社会中资源是相对稀缺和匮乏的）的评价性的原则，比如胡萨米就承认，“马克思能有效地运用按需分配的正义原则来评价资本主义社会”③。

第一类观点认为“按需分配”不是一个正义原则，而是在物质财富极大丰富的条件下，对未来的共产主义社会的描述。在《共产党宣

① R. G. 佩弗．马克思主义、道德与社会主义［M］．吕梁山，李旸，周洪军，译．北京：高等教育出版社，2010：162.

② R. G. 佩弗．马克思主义、道德与社会主义［M］．吕梁山，李旸，周洪军，译．北京：高等教育出版社，2010：169.

③ 齐雅德·胡萨米．马克思论分配正义［G］//李慧斌，李义天．马克思与正义理论．北京：中国人民大学出版社，2010：70.

言》中，马克思、恩格斯就讲，共产主义社会“将是这样一个联合体，在那里，每个人的自由发展是一切人的自由发展的条件”①。在《哥达纲领批判》中，马克思又进一步指出，在共产主义社会高级阶段，阶级对立已经消失，劳动成了人的第一需要；与此同时，社会生产力也已经增长起来，使得集体财富的一切源泉都充分涌流。“只有在那个时候，才能完全超出资产阶级权利的狭隘眼界，社会才能在自己的旗帜上写上：各尽所能、按需分配!”②

第二类观点认为“按需分配”——就像许多当代政治哲学家所赞同的那样——是一个分配原则，即在资源相对匮乏的条件下，按需分配意味着需求的平等满足。比如英国政治哲学家戴维·米勒（David Miller）就强调，他要先将资源极大丰富的情况搁置在一边，重点考察在相对匮乏的环境即资源供不应求的环境中发挥作用的需求原则。他指出，需求原则的最初倡导者想象了一个所有的需要都能得到满足的幸福状态，但在一个稀缺匮乏的环境中这一原则必定具有的含义，“如同我们看到的，在物品是能够完全地切分和转让的情况下，需要原则要求我们使人们在需要的大小方面的位置尽可能地相互接近：如果我需要的一半得到了满足，你也应当这样”③。绝大多数分析的马克思主义学者都不赞成马克思关于物质丰富的乐观预测，转而像米勒那样把“按需分配”当作资源相对匮乏条件下的一种分配原则。“按照这种看法，最好

① 马克思，恩格斯．共产党宣言［M］．北京：人民出版社，2018：51.

② 马克思．哥达纲领批判［M］．中共中央马克思恩格斯列宁斯大林著作编译局，译．北京：人民出版社，2018：16. 恩格斯关于未来共产主义社会的设想与马克思的设想的侧重点不尽相同，他更强调人们对社会的公共事务的参与。在《反杜林论》中，恩格斯讲道：“只有通过大工业所达到的生产力的极大提高，才有可能把劳动无一例外地分配给一切社会成员，从而把每个人的劳动时间大大缩短，使一切人都有足够的自由时间来参加社会的公共事务——理论的和实际的公共事务。”参见恩格斯．反杜林论［M］．北京：人民出版社，2018：193.

③ 戴维·米勒．社会正义原则［M］．应奇，译．南京：江苏人民出版社，2008：272.

把需求原则理解成一种需求的平等满足原则，因为马克思用它来解决贡献原则的‘缺陷’——如我们所知，这里所谓的‘缺陷’是指由人的不同需要产生的不平等。”①

什么是需求呢？也有两种观点：一种观点认为需求就是基本需要（basic needs），这样，支持“按需分配”无异于赞同福利国家。另一种观点认为需求就是一般性需要（general needs）。也就是说，它不仅包括最基本的物质需要，还包括发展人的潜能、实现人的个性的全面发展的需要。正如金里卡所述：“事实上，对于马克思而言，人的需求是由他们‘无限可塑的本性’决定的，因此，人的需求包括‘作为在其生产的所有方面的、作为在其消费中的丰富个性’。”② 这种意义上的需要可以等同于利益。但是，一旦我们把需求理解为利益，就会发现马克思主义者没有清楚地回答什么是对人们的利益予以平等的关照。或者说，如果他们尝试性地从分配原则的角度为“按需分配”给出一些合理的解答，结果非但不能很好地解释马克思主义的观点，反而有可能会模糊马克思主义与自由主义的平等主义的界限。

在规范的马克思主义者那里，作为一种分配原则的“按需分配”存在的问题，首先就是这种理论的可能性。当然，我们应当承认，今天的分析的马克思主义学者（规范的马克思主义者）或许真的可以赋予“按需分配”某些内容。然而，即便这样的（马克思主义的）“按需分配”理论确实是存在的，它们也仍然会面临如下的问题：

一是在敏于志向的方面存在缺陷。按照德沃金的观点，敏于志向要求个人应该对自己的行为（选择）负责任，而开放的市场最能体现敏

① 威尔·金里卡．当代政治哲学［M］．刘莘，译．上海：上海译文出版社，2011：201.

② 威尔·金里卡．当代政治哲学［M］．刘莘，译．上海：上海译文出版社，2011：201.

于志向。但一些马克思主义者直接拒绝这种敏于志向的立场，他们认为人的选择受到其物质状况或文化环境的影响。问题是，如果否认个人的责任，个人选择的价值和个人偏好的重要性也就同时被消解掉了。另外，绝大多数马克思主义者赞成平等地满足需要，但是平等地满足需要将不能敏于志向，比如在这一原则下昂贵的偏好与基本需要将被平等考虑，结果昂贵的偏好（一些马克思主义者可能会格外强调外界因素对形成这种偏好的影响）会得到补偿。当然，许多马克思主义者都承认，不应该补偿昂贵的偏好。但这样一来，需求原则就要事先确定什么是“合理”的需求，社会不会为所有的昂贵爱好埋单。这意味着按照先存在的分配标准去调整需求，而不是按照需求来确定分配标准。德沃金式的资源平等也许能够帮助人们摆脱这样的困境，但是马克思主义者反对市场，而离开了市场也就无法衡量人们选择成本。

二是在钝于禀赋的方面存在不足。分配正义需钝于禀赋，即要求切断经济利益与道德上任意的自然和社会的偶然因素之间的关联。马克思主义者赞成钝于禀赋，但是他们的分配理论缺乏钝于禀赋原则的应用方案。比如，按需分配原则要求钝于禀赋，但是在那些无法完全弥补自然劣势的时候应该怎么办？马克思主义者没有提供类似于德沃金的保险方案那样的解决方案。按照马克思的设想，社会主义阶段的按劳分配仍然允许自然天赋的偶然影响个人消费资料分配的结果。当然，用来作为消费资料进行个人分配的只是社会总产品中的一部分。在《哥达纲领批判》中，马克思提出，要先从社会总产品中扣除用来补偿消耗掉的生产资料的部分，用来扩大生产的追加部分，以及用来应付不幸事故、自然灾害等的后备基金或保险基金，而剩下的总产品在作为消费资料分配给个人之前，还要扣除同生产没有直接关系的一般管理费用，用来满足共同需要的部分，以及为丧失劳动能力的人等设立的基金。其中，为丧失劳动能力的人等设立的基金可以用来弥补自然劣势，但是具体怎么弥补？弥补到何种程度？对这样的问题，马克思语焉不详，当代西方的马克思主义者（针对资本主义社会的情况）也未能给出明确的、令人满意的回答。

三、异化理论

何谓异化？“异化”（alienation）一词最早出现在17—18世纪，具有转让、疏远、脱离等意，欧洲的唯物主义者、契约论者最早用它来表示财产的让渡、转让关系。德国古典哲学家格奥尔格·威廉·弗里德里希·黑格尔（Georg Wilhelm Friedrich Hegel）首次将异化作为一个哲学范畴来加以探讨，异化方法也是黑格尔构筑自己整个哲学体系的根本方法。在黑格尔的哲学体系中，异化就是“对象化”“外化”，而自然界、人类社会就是绝对观念的异化。绝对观念的实现走的是一条异化和异化不断被扬弃，直至最后复归自身的道路。在黑格尔之后，另一位德国古典哲学家路德维希·安德列斯·费尔巴哈（Ludwig Andreas Feuerbach）也使用了异化的概念，他用异化来批判宗教，提出了“宗教是人的本质的异化”的观点。马克思吸收了历史上异化观点的合理之处，但他的异化观点与之前的观点之间又存在很大的差别。异化劳动是马克思把德国理论界通用的思辨的方法与经济分析相结合而创立的一个新概念。马克思用异化劳动批判资本主义，论证实现共产主义的必然性。

马克思关于异化劳动的讨论始于对资产阶级经济学的批判。在《1844年经济学哲学手稿》中，马克思在“异化劳动和私有财产”的标题下，从资产阶级国民经济学预设的私有财产这一“事实”出发，通过对资本主义生产过程的分析和对资产阶级经济学的批判，提出了自己的异化劳动理论（除了这个标题下的集中讨论，异化劳动思想还贯穿于《手稿》的各个部分，是马克思用来分析其他问题的有效方法和理论武器）。马克思概述了关于异化劳动的四个规定：第一个规定是工人的劳动成果变成异己的力量，工人同自己的劳动产品相异化；第二个规定是工人的劳动行为本身异化，工人同自己的劳动相异化；第三个规定是人同自己的类本质相异化；第四个规定是人同人相异化。[①] 人们一般把私有制当作是异化劳动的根源，马克思对此并不以为然。他指出，私有制只是异化劳动的结果。"私有财产是外化劳动即工人对自然界和对自身的外在关系的产物、结果和必然后果"，"我们通过分析，从外化劳动这一概念，即从外化的人、异化劳动、异化的生命、异化的人这一概念得出私有财产这一概念。"[②] 当然，马克思承认，作为异化劳动的结果，私有财产反过来又作用于异化，使得异化与私有财产之间形成相互作用的关系。

私有财产的问题，不仅在于它允许剥削，而且还在于它让那些受到剥削的人也同样遭到了异化，从而无法发展他们作为人的本质能力。一些分析的马克思主义学者认为，从强调实现人的本质能力这个意义上讲，马克思的异化理论可以被视为基于一种完善论的异化理论。"完善论——马克思的异化论是完善论的一个实例——认为，对资源的分配应该促进'人实现自己人之为人的独特潜质和卓越'，同时应该阻止与人之卓越背道而驰的生活方式。"[③] 完善论把人的"完善"（或者说人的"卓越"）当作评价生活方式的最终标准，凡是有助于实现人的"卓越"的生活方式，就是应该得到促进的。自由主义的理论却不这样认为。自由主义并不是不关心人的"卓越"，而是更愿意把定义"卓越"的权利交给个人；自由主义充分地认识到了定义人的"卓越"的困难，

① 马克思 . 1844 年经济学哲学手稿 [M]. 中共中央马克思恩格斯列宁斯大林著作编译局，译 . 北京：人民出版社，2000：51-61.

② 马克思 . 1844 年经济学哲学手稿 [M]. 中共中央马克思恩格斯列宁斯大林著作编译局，译 . 北京：人民出版社，2000：61.

③ 威尔·金里卡 . 当代政治哲学 [M]. 刘莘，译 . 上海：上海译文出版社，2011：204.

相信普遍推行某种关于人的“卓越”的定义只会导致压迫性的后果。与作为一种现代观念的自由主义不同，马克思基于一种完善论的异化理论传承了一种历史悠久的古典传统。从马克思的异化理论中，我们可以看到黑格尔和亚里士多德的影响。亚里士多德认为人拥有固定不移的本性即“自然”①（他区分了“潜在的自然”和“实现的自然”）。黑格尔强调自我实现是从“自在”到“自为”的转变，它们分别对应着亚里士多德的“潜能”和“现实”。

马克思主义认为，人的本质特征是（或者说人的“卓越”之处在于）能够从事自由而富有创造性的合作生产。如果某种生产活动阻碍了这种能力的发挥，那么从事这种生产活动的人就遭到了异化，并且是与自己的类本质相疏离的。马克思说：“人是类存在物，不仅因为人在实践上和理论上都把类——他自身的类以及其他物的类——当作自己的对象；而且因为——这只是同一种事物的另一种说法——人把自身当作现有的、有生命的类来对待，因为人把自身当作普遍的因而也是自由的存在物来对待。”② 就是说，人作为类存在物，不仅能意识到自己是类存在，以及自己的类同其他类的区别，而且还能有意识地把自己当作类来对待，具有类意识。人的类本质、类意识是在生产活动中产生、证明和实现的，人的类特性恰恰就是自由的和自觉的活动。马克思讲：“正是在改造对象世界中，人才真正地证明自己是类存在物。这种生产是人的能动的类生活。通过这种生产，自然界才表现为他的作品和他的现

---

① 古希腊人认为事物（包括人在内）都拥有固定不移的本性即“自然”（区分“潜在”和“实现”）。而且事物都拥有其“目的”（亚里士多德“四因”说之“目的因”），即将“潜在的自然”变成“实现的自然”。现代人将“自然”与“人为”对立起来，将“自然”的含义变窄，将“目的”主观化；现代自由主义把“人的本性是什么”这样的问题交由个人去做判断，自由主义的国家不再负责提供关于这类问题的标准答案，不再担负引人向善的积极职责。

② 马克思 . 1844 年经济学哲学手稿［M］. 中共中央马克思恩格斯列宁斯大林著作编译局，译 . 北京：人民出版社，2000：56.

实。因此，劳动的对象是人的类生活的对象化：人不仅像在意识中那样在精神上使自己二重化，而且能动地、现实地使自己二重化，从而在他所创造的世界中直观自身。"① 在生产活动中，人不仅理智地复现自己，而且现实地复现自己。但在私有财产制度之下，人所从事的生产劳动是异化的，因为它阻碍着人们去发展自己最重要的能力。

> 异化劳动从人那里夺去了他的生产的对象，也就从人那里夺去了他的类生活，即他的现实的类对象性，把人对动物所具有的优点变成缺点，因为从人那里夺走了他的无机的身体即自然界。
>
> 同样，异化劳动把自主活动、自由活动贬低为手段，也就把人的类生活变成维持人的肉体生存的手段。
>
> 因此，人具有的关于自己的类的意识，由于异化而改变，以致类生活对他来说竟成了手段。②

在从事异化劳动的时候，正如马克思所批判的那样，工人创造的劳动产品是异化的，它不被工人所控制，而是被资本家占有的；工人的劳动不是自由的，而是被迫的；人的类本质变成了对工人来说是异己的本质；劳动所创造的劳资关系也是异化的。针对这种异化劳动，马克思明确地提出，"社会从私有财产等等解放出来、从奴役制解放出来，是通过工人解放这种政治形式来表现的"③。马克思说："共产主义是私有财产即人的自我异化的积极的扬弃，因而是通过人并且为了人而对人的本

① 马克思. 1844年经济学哲学手稿［M］. 中共中央马克思恩格斯列宁斯大林著作编译局，译. 北京：人民出版社，2000：58.

② 马克思. 1844年经济学哲学手稿［M］. 中共中央马克思恩格斯列宁斯大林著作编译局，译. 北京：人民出版社，2000：58.

③ 马克思. 1844年经济学哲学手稿［M］. 中共中央马克思恩格斯列宁斯大林著作编译局，译. 北京：人民出版社，2000：62.

质的真正占有；因此，它是人向自身、向社会的即合乎人性的人的复归，这种复归是完全的、自觉的和在以往发展的全部财富的范围内生成的。”① 在共产主义社会里，对资源的分配将有利于通过合作性劳动去促进人的自我实现。这就要求废除劳资关系，实行生产资料社会化。因为劳资关系是令人异化的，它使工人的劳动力成了不受自己控制的商品，从而与自己最重要的能力相疏离；在存在劳资关系的条件下，工人的劳动既缺乏内在的满足又削弱心智，比如美国喜剧明星查理·卓别林（Charlie Chaplin）在电影《摩登时代》中扮演的那个专门负责拧螺丝的工人，他的劳动不过是日复一日地重复一个机械的动作。另一方面，只有实行生产资料社会化，才能够让每个人都对如何组织自己的工作与生活有发言权。

虽然马克思的异化理论不乏吸引力，但是单纯从规范的政治哲学理论的角度讲，它可能还存在以下几点困难：

第一，非异化劳动是一种善，但不是唯一的善，有时候，人们为了别的善会选择异化劳动。比如为了闲暇、消费、家庭生活等而去打工。

那么，创造性劳动是不是最高的善呢？马克思讲：“动物和自己的生命活动是直接同一的。动物不把自己同自己的生命活动区别开来。它就是自己的生命活动。人则使自己的生命活动本身变成自己意志的和自己意识的对象。他具有有意识的生命活动。这不是人与之直接融为一体的那种规定性。有意识的生命活动把人同动物的生命活动直接区别开来。正是由于这一点，人才是类存在物。”② 马克思比较了人的生产与动物的生产的区别：“动物只生产它自己或它的幼仔所直接需要的东

① 马克思.1844年经济学哲学手稿［M］. 中共中央马克思恩格斯列宁斯大林著作编译局，译.北京：人民出版社，2000：81.

② 马克思.1844年经济学哲学手稿［M］. 中共中央马克思恩格斯列宁斯大林著作编译局，译.北京：人民出版社，2000：57.

西；动物的生产是片面的，而人的生产是全面的；动物只是在直接的肉体需要的支配下生产，而人甚至不受肉体需要的影响也进行生产，并且只有不受这种需要的影响才进行真正的生产；动物只生产自身，而人在生产整个自然界；动物的产品直接属于它的肉体，而人则自由地面对自己的产品。动物只是按照它所属的那个种的尺度和需要来构造，而人懂得按照任何一个种的尺度来进行生产，并且懂得处处都把内在的尺度运用于对象；因此，人也按照美的规律来构造。”① 马克思主义者认为，劳动是人类的本质活动，它使人类获得了自己的本质，从而把自己与其他动物从根本上区别开来。所以，创造性劳动是最高的善。人通过劳动改变自然，创造属于人自己的物质生活条件。但创造性劳动是不是最高的善，不能简单地建立在人类与动物的比较之上；其他动物是否具有像人那样的劳动能力，与这种能力在我们的生活中具有怎样的价值是两个不同的问题，没有理由认为我们最重要的能力就是那些最有别于其他动物的能力。

第二，根据人类与动物的对比来拔高创造性劳动，还具有性别主义的特征。因为通过这样的方式来抬高创造性劳动，可能会排斥其他社会活动。比如，认为男性的生产劳动比女性的生育劳动更有价值。

第三，基于一种完善论的马克思主义将非异化劳动当作评价所有生活方式的标准，但把所有资源都用于促进某一种价值或者利益——假设它是最高的价值或者利益，这对那些青睐其他价值或者利益（如身心健康、个性与情感的发展、游戏、性、友谊、爱、艺术、宗教等）的人来说，是一种不公平。这也是现代自由主义拒斥完善论的一个理由。自由主义者担心，禁止异化劳动，会限制人们选择的自由。

我们最后来对本章的内容做一个小结。规范的马克思主义是分析的

① 马克思．1844 年经济学哲学手稿［M］．中共中央马克思恩格斯列宁斯大林著作编译局，译．北京：人民出版社，2000：57-58.

马克思主义政治哲学转向的结果。当代规范的马克思主义主要包括两种研究路径：一种路径是否认马克思主义包含一种规范的正义理论，或者认为马克思主义使用的是经验的正义而非规范的正义概念，或者认为马克思主义是超越正义的；另一种路径是承认马克思主义包含规范的正义理论，具体而言，就是认为马克思主义的规范正义理论主要是由剥削理论、需求理论（如果存在这样的理论的话）和异化理论所组成的。马克思主义的剥削理论有助于唤起无产阶级的革命意识，但马克思主义的需求理论在一些关键之处的具体含义模糊不清。三个理论中，异化理论是马克思主义最独特的理论，但马克思基于一种完善论的异化理论，在当代世界可能会碰到一般的完善论（或者目的论）所碰到的那种质疑。

第四章

共同体主义

“共同体主义”（Communitarianism），又被翻译为“社群主义”。英文中“Communitarianism”一词的词根是“community”，意为共同体、社区、群落等。德国社会学家斐迪南·滕尼斯在《共同体与社会》中对共同体（community）进行过专门的讨论。他区分了人类的群体生活中两种结合的类型，即共同体与社会。前者主要是建立在自然的基础之上的，包括血缘共同体、地缘共同体和宗教共同体等，其基础是“本质意志”；后者是人们有的放矢地建立的，其基础是“选择意志”。只有靠“本质意志”建立的共同体才是有机的整体。英文中，与“Communitarianism”在外形上很相近的另一个词是“Communism”，一般被翻译成“共产主义”。虽然“Communitarianism”的词根“community”，与“Communism”的词根“commune”具有类似的含义，但共同体主义与共产主义却有着根本性的区别。两个概念之间可以说是形似而质不同。在某些方面，共同体主义的确与共产主义（或者说马克思主义①）有一些相似之处：第一，都重视共同体。第二，都主张一种完善论的观

① 我们赞同伍德的观点，马克思根本就不是从道德和社会理想出发（比如在“自由原则”或“正义原则”的基础上）来批判资本主义，所以马克思主义理论既不是一种完善论的道德哲学，又不是一种（作为一种主观偏好的系统表达的）意识形态。但一些当代西方政治哲学家是从这样的角度看待马克思主义的，这里与共同体主义的比较依据的是他们的观点。

点，即认为客观上存在着一种优良的生活方式，并用这种优良的生活方式来衡量个人的偏好选择。但两者之间的区别是更加深刻的：第一，马克思主义认为，只有通过社会革命，推翻资本主义，建立社会主义社会，才能实现共同体；而共同体主义相信，共同体一直存在于共同的社会习俗、文化传统以及社会共识中。共同体不必重新建构，相反，共同体需要被尊重和保护。在一定程度上，被共同体主义视为构成共同体的社会常规，恰好被马克思主义者视为具有剥削性和异化的特征。第二，马克思主义的完善论按照对人类利益的某种超历史的解释来对生活方式予以排序；共同体主义却按照吻合现存常规的程度对不同的生活方式予以排序。第三，作为意识形态，马克思主义属于政治光谱中的左派，共同体主义属于右派。不过，作为一种右翼的政治理论，共同体主义的对手主要是自由主义，而不是马克思主义。作为当代自由主义的主要批评者，共同体主义的内部观点十分复杂，分歧也比较严重。概括地讲，共同体主义的研究路径主要包括两种，即超越普遍主义正义的共同体主义和超越个人主义的共同体主义。

第一节　超越普遍主义正义的共同体主义

共同体主义通常被认为与历史上的以下人物存在着某种关联：亚里士多德、黑格尔、布莱德利、海德格尔等。这些人物的思想构成了当代共同体主义的理论渊源。当代的共同体主义者包括阿拉斯戴尔·麦金太尔（Alasdair MacIntyre）、迈克尔·沃尔泽（Michael Walzer）、查尔斯·泰勒（Charles Taylor）、迈克尔·桑德尔（Michael Sandel）、丹尼尔·贝尔（Daniel A. Bell）等人。虽然他们（除了贝尔外）并没有明确地将自己称为共同体主义者，但是他们的理论却在强调共同体这一点上具有共通之处。共同体主义提倡共同体的价值应该得到认可，主张基于共同善的社会团结（在启蒙运动“自由、平等、博爱”的口号中，共同体主义更看重的是“博爱”，因为它有利于维系社会团结），国家应该为共同体的形成和发展提供条件。共同体主义的当代对手主要是形形色色的自由主义。20 世纪 80 年代，共同体主义与以罗尔斯为代表的当代自由主义在西方政治哲学领域形成了两相对峙的局面，从那时起一直到 20 世纪 90 年代，共同体主义者对自由主义者主张的一系列观点都提出了深刻的批评，其中就包括对自由主义者推崇的正义优先性及其背后所蕴含的普遍主义观点的批评。

一、自由主义正义的局限

罗尔斯在《正义论》的开篇就指出：“正义是社会制度的首要德性，正像真理是思想体系的首要德性一样。一种理论，无论它多么精致和简洁，只要它不真实，就必须加以拒绝或修正；同样，某些法律和制度，不管它们如何有效率和安排有序，只要它们不正义，就必须加以改造或废除。”① 罗尔斯强调正义是社会制度的首要美德，而共同体主义者更多看到的是正义的有限性，并因此而否认正义的首要性。这一点与马克思主义者对正义的看法有一些类似。正如我们在上一章中所论述的，规范的马克思主义也可能会承认存在着一种评价性的正义概念。但是，即便在主张规范的正义的马克思主义者那里，正义也只是补救性的美德，它针对的是现存社会物质条件相对匮乏的状况。他们相信马克思的观点，即在共产主义社会，在物质的匮乏随着生产力的发展而被最终克服之后，正义将会被超越。

与规范的马克思主义者对正义的态度如出一辙，共同体主义者也没

---

① 约翰·罗尔斯．正义论［M］．何怀宏，何包钢，廖申白，译．修订版．北京：中国社会科学出版社，2009：3.

有把正义视为现有社会制度的至高美德，而仅仅认为正义是次要的美德（在共同体主义者看来，有利于维系基于共同善的社会团结的美德，如博爱，才是首要的美德），但它主要针对的不是物质的匮乏，而是人与人之间仁爱的缺乏和社会（共同体）团结的缺失。比如，桑德尔就认为，对正义关注得越多，意味着仁爱和团结越缺乏。桑德尔讲："呼唤正义的环境同时也就至少隐含地承认了缺乏仁爱的环境，或者博爱的环境，或者是扩展的爱的环境，不管用什么样的术语表述；这些环境就是在正义之环境条件没有出现时出现的，而它们所界定的美德至少是一种具有相关地位的美德。"①

在桑德尔看来，正义是一种补救性的美德。比如，在家庭中，爱的推广使得正义很少参与其中，更不用说充当第一美德了。只有当仁爱（博爱、扩展的爱）消失时，才需要更多的正义。桑德尔关于仁爱与正义关系的观点与他关于构成性的共同体和构成性的自我的观念息息相关。"构成性的共同体与构成性的自我，是理解桑德尔的共同体与自我的一对关键性概念。所谓'构成性'，是指个人通过对现实而具体的共同体的理解，而构成了自我的精神内涵，并且共同体的属性决定了自我的本质以及对自我本质的理解，同时，共同体也体现在所有成员的共享性的理解之中，因而共同体也是构成性的。"② 正是从这种"构成性"的观念出发，桑德尔提出，不仅共同体的善以及成员之间的仁爱情感高于正义，而且正义本身还应当依据共同体的善来理解。

把正义与善观念联系起来的一种方式主张，正义原则应从特殊共同体或传统中人们共同信奉或广泛分享的那些价值中汲取其道德

① 迈克尔·桑德尔．自由主义与正义的局限［M］．万俊人，等，译．南京：译林出版社，2001：40．

② 龚群．自由主义与社群主义的比较研究［M］．北京：人民出版社，2014：228-229．

力量。这种把正义与善联系起来的方式，在下述意义上是共同体主义的，即共同体的价值规定着何为正义、何为不正义。按照这种观点，承认一种权利取决于向人们表明，这种权利隐含在传统或共同体的共享理解之中。当然，人们对于一种特殊传统的共享理解实际支持什么样的权利，可能存在分歧，社会批评者和政治改革者可以用各种挑战现实中盛行的实践之方式，来解释各种传统。但是这些论证总是采取唤起共同体自我回忆的形式，采取诉求于隐含在一种共同谋划或传统中却又尚未实现的理想之形式。①

然而共同体主义关于正义有限性的认识并不是完全站得住脚的。正如我们在上一章中已经提到的，正义并不排斥人与人之间的相互关爱，也不阻碍人们出于仁爱而自愿放弃正当的权利；正义是为了防范不正义的出现，确保爱的关系不会蜕变为支配和服从的关系。仅凭一个尚不存在的关于未来社会的理想，就否认在真实世界中仍然具有可欲性和可能性的规范性正义的意义；或者在需要依靠正义来保障人的基本权利的真实世界中，将正义和仁爱对立起来，曲解正义的作用，过分地强调正义具有破坏社会团结、损害人与人之间的情感联系的危险，这两者都是无法令人信服的。

比正义的首要性（正义优先于善）含义更宽泛的是正当优先于善，从中能够推导出个人权利的优先性。罗尔斯讲："在我所谓的'政治自由主义'中，权利的优先性理念是一个根本要素，而在公平正义中，该理念作为公平正义观点的一种形式具有其核心作用"，"在公平正义中，权利的优先性意味着，政治的正义原则给各种可允许的生活方式强加了种种限制，因而公民的要求是，任何追求僭越这些限制的行为都是

① 迈克尔·桑德尔．自由主义与正义的局限［M］．万俊人，等，译．南京：译林出版社，2001：前言 3.

没有价值的。”① 但共同体主义者先是对自由主义的正当优先于善的原则提出了批评，接着又对自由主义的权利观（权利的优先性）提出了批评。比如，在批判罗尔斯的公平正义时，桑德尔指出：“与正义之首要性紧密相关的一个更为普遍的观念，是正当对善的优先性。同正义的首要性一样，正当对善的优先性是原始的、第一层次的道德要求，被终极地假定具有某种元伦理的地位——这一点与功利主义正相反——特别是当罗尔斯在更为普遍的意义上为道义论辩护而反对目的论的时候。”② 另外，桑德尔又说：“与功利主义不同，在作为公平的正义中，个体平等自由的权利在相反的绝大多数偏好面前是被无条件地肯定的。”③ 但他认为公平正义的这种要素根本无法成立。

诚如桑德尔所言，罗尔斯的公平正义坚持正当优先于善，其中隐含着正义（以及一般意义上的正当）具有超越地方性善的优越性。罗尔斯认为，一个正义的社会不是努力促进某一种特定目的（特定的善）的社会，而是在尊重个人自由权利的条件下使人们能够去追逐自己目的（关于善的观念）的社会。在共同体主义者看来，“（自由主义者）把正义作为焦点不但是与认真关切人类美德和卓越不同的，而且常常是与之不相容的。正义的某些鼓吹者现在对坚持‘人类之善的不可知论’感到满意，而更多的人则对良善生活（的内容）采取谨小慎微的态度”④。除了具有忽视良善生活的嫌疑，桑德尔还专门批评罗尔斯的理论过于抽

① 约翰·罗尔斯．政治自由主义［M］．万俊人，译．增订版．南京：译林出版社，2011：160.

② 迈克尔·桑德尔．自由主义与正义的局限［M］．万俊人，等，译．南京：译林出版社，2001：22.

③ 迈克尔·桑德尔．自由主义与正义的局限［M］．万俊人，等，译．南京：译林出版社，2001：23.

④ 奥诺拉·奥尼尔．迈向美德与正义：实践推理的建构性解释［M］．应奇，陈丽微，郭立东，译．北京：东方出版社，2009：1.

象性，脱离了具体的历史环境。在桑德尔看来，罗尔斯的理论依据的是一系列错误的形而上学和元伦理（meta-ethics）的观点。具体来讲，就是罗尔斯接受了康德道义理论的核心主张，而康德式的道义理论的基础必定独立于所有社会历史的偶然性。由于公平正义的理论（以及这类的自由主义理论）所依赖的道德人（道德主体）脱离了历史环境，并对共同体持有一种错误的理解，因此根本无法发挥罗尔斯赋予它的那些作用。桑德尔的结论是，这样的自由主义及其正义理论存在着根本的局限。

根植于罗尔斯正义原则，并支撑起罗尔斯理论体系的是一种关于个人的理想，这样的人是道德人，即“作为有自己的目的、并具有一种正义感能力的有理性的存在物的个人”①。罗尔斯强调，道德人是“所有各方所共有的见解”②，原则的证明就应该从这种能够达成的“一致意见”开始。道德人的观念并不像桑德尔所批评的那样是无条件的，作为罗尔斯正义理论的阿基米德式支点，它与康德的道德形而上学并不相同。罗尔斯在推演正义的过程中既没有依赖于现存的偏好，也没有依赖于先验的论据。“作为结果的正义原则显然依赖于某些必要的条件：我们共同拥有某些利益（诸如收入和自尊这些基本利益），但不是共同拥有其他的全部利益（尤其是宗教和家庭生活）；我们重视选择善良生活的自由，或至少是不受政治权威强迫影响我们的思想自由。如果不是这样，那么我们就不会接受原初状态的制约。”③

自由主义并不预先假定任何形而上学，后期罗尔斯还指出道德人的观念来源于自由民主社会的政治文化，并明确地将他主张的自由主义称

---

① 约翰·罗尔斯. 正义论［M］. 何怀宏，何包钢，廖申白，译. 修订版. 北京：中国社会科学出版社，2009：10.

② 约翰·罗尔斯. 正义论［M］. 何怀宏，何包钢，廖申白，译. 修订版. 北京：中国社会科学出版社，2009：459.

③ 俞可平. 社群主义［M］. 北京：中国社会科学出版社，2005：50-51.

为政治自由主义（political liberalism）。政治自由主义的问题是找到一种适合于立宪民主政体的正义观念。这种观念是政治的观念，与形形色色的完备性（综合性）观念不一样。由于各自信奉的完备性观念的不同，这种政体下的人们（或者说公民）对于许多问题，比如个人认同的性质这样的形而上学问题，都未能达成一致意见，而且在可以预见的将来也不会达成一致意见，但是他们却可以用此种政治的正义观念来解决宪法和基本政治问题上的争论。“自由主义的正义不是为我们提供一种综合性的道德；它为我们规定社会制度，而不是为我们规定全部生活。它对我们提出要求，不是因为它表达了我们最深刻的自我理解，而是因为它为多元主义社会提供了可能是最公正的生活方式。”①

另外，罗尔斯的正义理论确实从一开始就无条件地肯定了某些个体平等自由的权利。在《正义论》的开篇，罗尔斯带着几分激情提出了他的“宣言”（有学者将《正义论》第一章第一节开头的一段话称为“罗尔斯的宣言”②）：“在一个正义的社会里，平等公民的各种自由是确定不移的，由正义所保障的权利绝不受制于政治的交易或社会利益的权衡。”③ 当代西方的自由主义理论，无论是以罗尔斯为代表的左翼自由主义，还是诺奇克坚持的右翼自由主义，都强调个人权利的重要性，只是关于哪些个人权利应该受到绝对的尊重在他们中间还存在不同的理解。然而，共同体主义者无法接受自由主义者的这种个人权利优先的观点。比如，桑德尔就认为，个人权利是有界限的，要受到社会的约束。

个人权利的优先性体现的是以单独个体为基本单位的自我观。根据这种自我观，我和他者（others）之间是存在分别的，我的存在完全独

① 俞可平．社群主义［M］．北京：中国社会科学出版社，2005：52.
② 参见刘莘．对罗尔斯宣言的一种解读［J］．四川大学学报，2007（2）．
③ 约翰·罗尔斯．正义论［M］．何怀宏，何包钢，廖申白，译．修订版．北京：中国社会科学出版社，2009：3.

立于他者；他者亦完全独立于我，是和我毫不相干的他者。这种自我观便是自由主义的自我观。自由主义正是以这样的方式来看待人的，即将每个人都视作独立自主的个体，每个人都与其他人相互区别，而且每个人也都是不可替代的个体。对自由主义蕴含的个人主义，英国政治哲学家迈克尔·欧克肖特（Michael Oakeshott）提出了这样的批评："几乎所有关于道德行为的现代著作，都以单独的个体选择及追求他自己活动的方向这个假设作为开始。需要作出解释的，不是这类个体是否存在，而是他们如何能够对同类的其他人具有义务，以及这些义务的性质是什么。"① 桑德尔指出，由这样的个人组成的公民社会是缺乏实质性道德的。如果社会中的公民只顾追求自身的利益，而对他人的利益冷漠，那么这个公民社会就很难维持和谐稳定的现状。

自由主义以单独个体为基本单位的自我观，与对他者的义务是无法调和起来的。在证明差别原则时，罗尔斯主张将自然天赋视为人们的共同资产，以支撑人与人之间的相互责任。但是，为了不破坏人的完整性（integrity of the person），罗尔斯又不得不承认每个人都有权拥有自己的自然天赋，并强调一切企图重新分配自然天赋的做法都是错误的。罗尔斯将自然天赋视为共同资产的观点并没有从根本上突破自由主义以单独个体为基本单位的自我观。在《自由主义与正义的局限》中，桑德尔提出了一种新的思路来加强个体与其他人之间的纽带，以克服罗尔斯的困境。他认为罗尔斯应将"共同资产"的概念和一个共同的占有主体的可能性维系在一起，也就是说，为了证明差别原则，罗尔斯最好放弃以单独个体为基本单位的自我观——它可能预设了一种类似于康德的先验的或非实体的主体，转为接受交互主体性的自我观（an inter-subjective conception of the self）。桑德尔讲道：

① 周保松．自由人的平等政治［M］．增订版．北京：生活·读书·新知三联书店，2013：72.

> 差异原则使罗尔斯承诺了一种他所拒斥的交互主体性的概念，这似乎是罗尔斯指出那些困难的唯一方式。同时，它也有利于突出罗尔斯的主体理论中一种不可争议的假设所具有的重要性。正如我们所看到的，罗尔斯把自我设想为一种占有主体，该主体受到预先限制，并先于其目的；他还进一步假定，主体的限制，毫无疑问地与单个人之间的身体限制相应。①

> 如果差异原则想避免将一些人当作另一些人的目的之手段来使用，那么只有在一定环境下，它才能够成为可能的。在这种环境下，占有主体是一个“我们”而不是一个“我”，这种环境继而暗示在构成性意义上存在着一种共同体。②

如果自由主义者接受桑德尔建议的交互主体性的自我观，我和他者之间的分别将不再具有那么大的重要性，自我将不是完全独立自主的自我；社会合作将超越单纯工具性的互利关系，而个体和其他人之间的道德关联也将得到增强。在桑德尔看来，只有这样，罗尔斯的差别原则（差异原则）才能够得到更好的证明。“当最弱势者分享我的自然才能带来的经济成果时，我并不是他们的工具，因为社群中的其他人构成了‘我’的一部分……人与人之间需要一种视人如己的关怀。这也是罗尔斯说差异原则体现了博爱精神的原因。”③

---

① 迈克尔·桑德尔．自由主义与正义的局限［M］．万俊人，等，译．南京：译林出版社，2001：98.

② 迈克尔·桑德尔．自由主义与正义的局限［M］．万俊人，等，译．南京：译林出版社，2001：99.

③ 周保松．自由人的平等政治［M］．增订版．北京：生活·读书·新知三联书店，2013：73.

二、超越普遍主义的正义

与强调正义是社会制度的首要美德和个人权利的优先性相比，令共同体主义更难以接受的是自由主义的正义理论所具有的普遍主义倾向，比如桑德尔就批评罗尔斯的正义原则是绝对的和普遍的。桑德尔认为，罗尔斯的正义论基于一种道德人的观念，这种观念并不受任何社会制度或社会环境的限制。正是在这个意义上，罗尔斯的正义原则是普遍主义的，而不是特殊主义的或地方性的。这种正义不受任何共同体的制约，不受任何时间和地点的限制，适用于所有的社会和历史时期，适用于任何时代背景下的任何人。

自由主义者支持的正是这种普遍主义的正义，他们认为正义是普遍的，适用于所有社会、历史。自由主义阵营内的理论，不论是功利主义（如果功利主义也可以勉强算作一种自由主义理论的话），还是自由平等主义，还是自由至上主义，它们关于正义的理解都毫不例外地包含这种普遍主义的主张。正如金里卡所指出的，功利主义者、自由主义的平等主义者以及自由至上主义者都认为，“由自己所偏爱的那种理论所提供的标准，是每一个社会都应该遵守的。他们不会把这样一个事实——他们的理论可能会冲突于一个社会特有的信念——当作对自己理论的决定性反驳”①。但是，共同体主义者反对的也恰恰是这种普遍主义的正义，在共同体主义者看来，正义不是绝对的和普遍的，只是特定共同体中的一种共识。

与自由主义者不同，共同体主义者支持作为特定社会共识的正义，他们认为正义是某一历史时期某一特殊社会中人们的共识。在共同体主义者看来，根本没有超历史、超情境的正义。比如，沃尔泽在《正义

① 威尔·金里卡．当代政治哲学［M］．刘莘，译．上海：上海译文出版社，2011：222.

诸领域》中就提出正义总是依赖于特定共同体中的共同信念；贝尔在《社群主义及其批评者》中为沃尔泽的立场辩护道："如果认为一个社群（共同体）在寻求它的政治意向（比如说正义）时，不可能取得实质性的共识，这可能是太武断了。"① 与大多数政治哲学家不同，沃尔泽关注的与其说是抽象的哲学问题，不如说是社会诸善具体的和日常的分配。沃尔泽关于正义的命题是一以贯之的，即认为"支配特定物品的分配的标准是，而且应当是，与那些物品在分配和获得它们的人们的生活中的意义有关的"②。

在沃尔泽看来，自由主义寻求一种普遍的正义理论的努力显然是走错了方向。根本就不存在外在于共同体视野的正义，正义理论根本没有办法跳出特定共同体的历史和文化。沃尔泽讲道：

> 正义是与社会意义相关的。事实上，正义的相对性来自经典的非相对性定义，给每个人他应得的份额，就像我自己的提议一样，因为"内部"理由而分配物品。正如我试图说明的，这些是要求历史实现的形式定义。我们不能说这个人或那个人应得的是什么，除非我们知道这些人是如何通过他们生产和分配的东西而彼此相联系的。直到有一个社会后，才可能有一个公正的社会；形容词公正并不决定而只是修正它所描述的社会的实质生活。有无限多的可能生命，他们受无限多的可能文化、宗教、政治安排、地理条件等影响。如果一个社会是以某种特定方式——也就是说，以一种忠实于成员们共享知识的方式过实质生活的，那么，这个社会就是公正

① 丹尼尔·贝尔．社群主义及其批评者［M］．李琨，译．北京：生活·读书·新知三联书店，2002：42.

② 迈克尔·沃尔泽．正义诸领域：为多元主义与平等一辩［M］．褚松燕，译．南京：译林出版社，2009：中文版序 1.

的。(当人们对社会诸善的意义有歧义时，当人们的认识相互矛盾时，正义要求社会忠实于这些歧义，为它们的表达、宣判机制和替代性分配提供制度渠道。)①

要明确正义的各种要求，就得弄清楚每个特定的共同体如何理解各种社会利益的价值。如果一个社会的运作方式符合其成员就该社会独特的常规和制度所达成的共识，那么该社会就是正义的。因此，确定正义原则与其说是哲学论证，不如说是文化阐释。正是基于这样的理解，沃尔泽提出了一种“复合平等”（complex equality）的多元正义理论。

沃尔泽认为，社会一般包含了不同的领域，每个领域都对应着不同的共同体（以及不同的关于社会物品的理解)，具有不同的分配规则。共同体至多扩大至一国，也就是说，最大的共同体只能是国家，否则将全人类推广为一个共同体，共同体主义就失去了任何理论意义。正义是与社会益品（social goods）的分配相关的。现代社会普遍接受平等，因而权利平等成了适用于社会各个领域的要求。但正义是具体的，存在于人类生活的各个领域。可供分配的社会物品是多样化的，每个领域都有特定的社会物品，应当遵循不同的分配原则，其实践的可能性“早已扎根在我们对社会物品共享的认识中了”②。沃尔泽强调，不能离开共同体的属性来抽象地讨论社会中的物品分配。社会各领域的物品分配要放到具体的认同背景下去理解，不存在抽象的、超越时空的一组首要的或基本的物品——这显然针对的是罗尔斯的基本善的概念。

在众多社会物品中，政治权力具有双重地位。一方面，它与其他社

① 迈克尔·沃尔泽．正义诸领域：为多元主义与平等一辩［M］．褚松燕，译．南京：译林出版社，2009：369-370.

② 迈克尔·沃尔泽．正义诸领域：为多元主义与平等一辩［M］．褚松燕，译．南京：译林出版社，2009：序言 5.

会物品一样是一种社会善，有它自己的意义，并且有它自己的分配机构和标准；另一方面，政治权力又是维护、修订和捍卫所有分配领域边界的必要工具。政治权力对社会各领域的均衡作用的意义何在？在沃尔泽看来，平等主义的目标是不受支配的社会。要避免支配的社会，就要防止出现一种“充当或能够充当支配的手段”的社会物品。商人可以在生意场上通过公平交易追逐金钱利益；知识分子可以在学术圈中发挥聪明才智进行研究创造；运动员可以在体育竞技中依靠奋力拼搏摘得桂冠。如果社会各个领域保持相互独立，就不会产生某种支配性的社会价值。均衡就意味着社会领域和社会价值的多元化。在不同的社会领域里，人们可以各展所长，各得其所。由于各个领域的价值标准是多元的，一个领域中的失败者，在其他领域却可以获得成功。在非支配的社会中，没有人在任何时间任何地点都总是失败者。

当然，真实的社会中确实存在一些人，他们看起来没有任何才能，对任何领域都不擅长，在任何领域都算得上是失败者。但沃尔泽并不相信这些人实际上就是那样的人，他反而认为这种现象的出现恰好是社会均衡遭到破坏的结果。沃尔泽指出：“如果人们在每个领域都失败了，我们就应该把这看作一种不能把各领域分开并保持它们自治的系统性失败的一个标志：某种才能或某一组才能，某种善或某一组善，支配着所有其他的才能或善。”① 正是这种支配的局面使得人们无法进行有意义的选择。在一个社会中，如果一种物品占据了支配地位，无论它是权力、金钱，还是血统。那么，谁拥有了这种物品，谁就会在每个地方都取得成功，但这其实也阻碍了他选择更有意义的生活；谁不拥有这种物品，谁就会在所有的地方都遭到失败，他将失去所有选择的余地。然而，如果能够打破这种支配的局面，人们也许就会发现，所谓的失败者

① 迈克尔·沃尔泽．正义诸领域：为多元主义与平等一辩［M］．褚松燕，译．南京：译林出版社，2009：中文版序 2.

在意想不到的方面有所擅长并且可以获得成功。

沃尔泽并不热衷于抽象的哲学思辨，他巧妙地将其对正义的讨论与社会政策联系起来。他基于美国社会中存在的共识，提出了分配正义在制度安排方面的四个要求。其一，分配正义要求共享的经济、社会和文化方面的基础设施，它们不仅能够扩大人们生活的范围，而且对人们的生活方式也具有重要的影响。其二，分配正义要求公共的供给制度，即国家应该照顾病人、老年人、残疾人和贫困者，为这些人提供食物、衣服、住房、医疗甚至金钱。其三，分配正义要求机会平等，具体来说，就是在分配职位、权力和财富时，为所有人提供平等的机会。其四，分配正义要求实行经济民主，在公司中用公共所有制或工人控制来代替私人所有制。从主张经济民主这个意义上讲，作为共同体主义者的沃尔泽同时也是社会民主主义的积极支持者（当然将之划入社会主义阵营是不合适的，就像将后期罗尔斯划入保守主义阵营是不合适的一样）。沃尔泽把上述四个方面的制度安排看作从社会各领域内部来捍卫复合平等的方案。他承认，上述的制度安排也有可能会失效，所以国家仍然是所有这些情况中人们最后诉诸的机构。无论何时，只要各领域内部的努力失败了，国家就介入其中，而且常常如此。

沃尔泽的理论一般被认为是一种文化相对主义，但文化相对主义并不等于道德相对主义。沃尔泽明确否认自己的理论是这种相对主义——道德相对主义的理论；他的理论支持的应该是一种道德特殊主义，而非道德相对主义。道德相对主义不仅主张道德依赖于共同体成员对其共同意义的理解，而且还主张这些道德之间在本质上是不可通约的，因此一个共同体的成员根本无法评判另一个共同体中的道德生活。道德特殊主义只承认道德相对主义的前一点主张，却未必要接受后一点。事实上，沃尔泽本人便不时地从普遍的、全球的角度来说明正义与平等的基本价值观。

在《厚与薄——道德论证的内与外》中，沃尔泽区分了道德术语的底线意义和充量意义（minimal and maximal meanings），并进而提出了底线道德（minimal morality）和充量道德（maximal morality）的概念。在沃尔泽看来，道德术语的两种意义，一种是浅层的，另一种是深层的。对道德术语意义的这两种说明，分别适用于不同的语境，服务于不同的目的。但两种意义不是相互分裂的。在通常的情况下，底线意义本就嵌入在充量道德之中，且以同样的用语表达，共享着同样的历史、文化等。只是到了特殊的情况下，底线主义才从这种嵌入状态中摆脱出来，以独立的面目和不同的浅度出现。正如沃尔泽所讲："道德从一开始就是深厚的，在文化上是一体的，是能引起充分共鸣的，只是在某些特殊的场合，当道德语言被转用于某些特殊的目的时，道德才显示为淡薄。"①

在沃尔泽那里，即便暂时从充量道德中摆脱出来，底线道德也仍然"是特殊主义的，是注重地域性的，是与在特殊时空的此时此地所创造出来的充量道德紧密相关的"②。它可以被理解为是在某一特殊地域，也就是说，在自家的地方，在自己的家或家园，对生活价值的一种普遍理解。但社会就其总是具有特殊的成员和特殊的记忆而言，必定是特殊的，而且成员的记忆并非只是他们自己的记忆，而且还是他们共同生活的记忆。尽管如此，沃尔泽还是承认，对底线道德做出某种实质性的说明是可能的。他讲道："底线主义当其以底线道德的形式表达出来时将被迫带着某一种充量道德的倾向和习语。并不存在中立的（非表现性的）道德语言。然而，我们还是能够从我们的诸多价值和诸多承诺之

---

① 万俊人.20世纪西方伦理学经典（Ⅳ）——伦理学前沿：道德与社会［M］. 北京：中国人民大学出版社，2005：289.

② 万俊人.20世纪西方伦理学经典（Ⅳ）——伦理学前沿：道德与社会［M］. 北京：中国人民大学出版社，2005：291.

中找出一些来，正是这些价值和承诺促使我们与布拉格的人民产生共鸣并一道游行。”①

这种努力的最终产物，就是所有社会赖以维持的一系列标准——一系列否定性的禁令，比如不得伤害他人、不得偷盗、不得欺骗、不得施加酷刑、不得采取专横的压迫等。在现代西方社会，这些标准往往以权利（rights）的语言表达出来，而这种语言正是西方人的道德充量主义语言。不过，沃尔泽承认，用权利语言来谈论那些任何人都不应该承受的伤害和暴行是完全可以的，而且权利语言也是可译的。但值得注意的是，权利语言具有可译性并不意味着它就是普遍主义的。事实上，在沃尔泽看来，普遍主义的努力完全是没有必要的。正如他所言：“我们的范畴（categories）、关系（relationships）、承诺（commitments）和愿望（aspirations）都是由现有的道德塑造的，并且通过现有道德的语言表达的。发现和创造是逃避现实的做法，希望能找到一些外部的且普世的标准，以此判断道德的现实生活。这样的努力很可能是值得尊敬的，但我认为是不必要的。”②

共同体主义者所赞同的作为特定社会共识的正义其实是一种文化相对主义。但是，正如沃尔泽为自己的理论所辩护的，文化相对主义未必会滑向道德相对主义。然而，即便沃尔泽的说法是正确的，共同体主义的正义（或者说文化相对主义视域下的正义）还是存在以下两点困难：

第一，有可能违背人们的深层道德直觉。共同体主义具有保守主义的倾向，这种倾向往往会令自由主义者感到不安。共同体主义者认为，我们不应该从客观的、具有普遍性的原则出发，而是应该从传统出发，

---

① 万俊人.20世纪西方伦理学经典（Ⅳ）——伦理学前沿：道德与社会［M］.北京：中国人民大学出版社，2005：292-293.

② 迈克尔·沃尔泽.阐释和社会批判［M］.任辉献，段鸣玉，译.南京：江苏人民出版社，2010：26.

向自己的同胞解释我们共有世界的意义。但是，如果共同体的传统中的某些内容违背我们的深层道德直觉该怎么办呢？例如，在某个特殊的共同体中，奴隶制成了该共同体成员们的共识（奴隶当然不具备成为该共同体成员的资格，所以这一共同体中的成员们在确认他们的共识的时候并不会认真考虑奴隶的意见），那么可以说奴隶制就是正义的吗？如果我们说奴隶制是错误的，那么这到底是因为我们的社会反对奴隶制，所以奴隶制是错的——这刚好是共同体主义的正义可能主张的理由；还是因为奴隶制本身是错的，我们才反对奴隶制？也许有理性的人们会更倾向于认为奴隶制本身就是错的。因为奴隶制与人们的深层道德直觉相冲突，所以他们从自己的良心出发便能够做出这样的道德判断——奴隶制在道德上是错误的。

第二，社会分歧存在时无法确定正义。共同体主义者把正义界定为共同体的共识，这就意味着，如果有分歧则无法确定正义，因为无共识也就无所谓正义；如果有分歧，就只有通过一般性的正义观才能确定正义，而对一般性的正义观的寻求，需要依靠人类的理性。当然，共同体主义者会竭力论证在特定共同体中共识是存在的。然而，在现代社会中，分歧是不可避免的。在更加多元化的现代社会中，为了能够在一起生活，人们需要用更具一般性的正义原则来指导他们的社会合作。“人们在一些问题上往往有分歧，譬如，在提供保健（沃尔泽赞成）或支持维权行动计划（沃尔泽反对）的问题上，政府应该起什么样的作用才是恰当的？为了解决这些分歧，我们需要依据更具一般性的正义观去评价这些相互冲突的理解。因此，即使我们如沃尔泽建议的那样立足于共同体内部的共识，现存的分歧和我们自己的批判性反思也将驱使我们走向一个更具一般性和较少狭隘性的立场。”①

① 威尔·金里卡. 当代政治哲学［M］. 刘莘，译. 上海：上海译文出版社，2011：223.

第二节 超越个人主义的共同体主义

自由主义的政治一般被称为权利的政治，共同体主义的政治一般被称为公益的政治。这是因为强调个人以及个人权利通常被视作是自由主义的基本特征，而重视共同利益则被视为共同体主义的显著特点。许多共同体主义者都对自由主义者所持的个人主义观点感到不满，他们批评自由主义者过分关注个人权利，却忽视了人与人之间所存在的联系，忽视了他们中间的共同利益（或者说共同的善）。“根据这种批评，自由主义者把自己的理论奠基于关于个人权利和个人自由的观念之上，而忽略了个人自由与福祉只有在共同体中才得以可能。一旦我们承认人对于社会的依赖，我们就有义务把社会的共同利益置于与个人的自由权利同等重要的地位。”① 在这些共同体主义者看来，自由主义者过于专注自我决定，却对这种能力做出了错误的判断，并且无视这种能力得以生成的社会前提。自由主义标榜政治中立，却弱化了共同体中的共同利益和信念。此外，自由主义的个人主义所依赖的自我观也过于单薄，根本无法支撑起一个能够自圆其说的理论体系。

一、自由主义中的个人主义

自由主义中的个人主义（individualism）以理性的个人可以自由地选择为前提，比如，在罗尔斯那里，正义的两个原则就是理性的个人（这样的个人同时也是道德人）从原初状态出发自由选择的结果。自由主义秉持这样的信念（作为启蒙运动某些方面遗产的继承者，康德式

① 威尔·金里卡．当代政治哲学［M］．刘莘，译．上海：上海译文出版社，2011：224.

的马克思主义也分享了自由主义的这一主张），即要促进人们的利益，就要让人们自己选择他们所愿意的生活方式，至于需要什么样的权利和资源才能有助于人们过上他们愿意的生活方式，在自由主义者之间还存在着很大的分歧。尽管如此，所有的自由主义者，无论是自由平等主义者，还是自由至上主义者，甚至包括那些主张自由的功利主义者，都相信，要把人们当作平等者来对待，就不能否认人们的这种自我决定。所谓个人决定，就是指由个人确定自己的生活目标（善观念）；所谓尊重个人决定，就是指个人选择和实施自己善观念的权利应该得到平等的保护。总之，自由主义支持自我决定（self-determination），把制订生活计划并执行该计划当作人重要的道德能力。

然而，在共同体主义者看来，自由主义者对自我决定的性质和价值的看法是有缺陷的。桑德尔、贝尔等共同体主义者认为，自由主义者不但对自我决定的能力做出了错误的解释，而且还忽略了自我决定的能力得以有意义地施展的社会前提。在共同体主义者看来，理解人类行为的唯一正确方式是把个人放到其社会的、文化的和历史的背景中去考察。也就是说，分析个人首先必须分析其所在的社群（共同体）和社群关系（共同体关系）。桑德尔认为，任何个人都不能脱离社群，个人的认同和属性是由他所在的那个社群决定的，个人是社会的产物。因此，自由主义关于自我决定的观点也是错误的，仅仅是基于一种虚假的想象。在《社群主义及其批评者》的引言中，贝尔抛开抽象的辩论，直接举了一个例子来说明自由主义者所谓的自由决定与现实生活中的真实图景存在较大出入。我们认为这个例子很有启发性，所以将之完整地转引如下：

> 我们来比较一下两个人。且把他们叫作甲和乙。甲认识到了运用自决力量的重要性，很早就决定制订自己的生活计划。读中学

时，她就估量各种职业选择，考虑与每种选择相关的代价与好处，并且选择了将来成为商业律师。随后，她就选择了有助于达到该目的的大学，把她所遇到的多数人当作能帮助她在一个好律师事务所找到工作的“关系人”，并且在待人处事上面精于算计。甲懂得怎样使事情为己所用，最后她达到了目的。在婚姻问题上，甲决定在事业稳固以前不认真对待任何人。她避免与人过于亲密，偶尔还要否决自己的直觉。到三十五岁左右，她已经事业有成，可以寻找婚姻伴侣了。但是，这时她依然决定小心行事。这不仅是因为她不打算与任何人分享她已经继承的一大笔遗产。她还考虑，在她心中的其他标准以外，她的伴侣必须是美貌的、聪明的，并也是事业有成的。甲又心想事成了。结果，她结婚了，对象是在《纽约书评》分类广告中找到的一位男子。

相反地，乙从来也没有遇到机会行使他的道德上的选择权利。直到高中时他父亲迫使他在当地一个中心为残疾人做些工作，他才模糊意识到自己应做什么才好。最初，他觉得这个工作很困难，但是后来做得十分投入，很少有时间考虑自己的事。最后，他终于被一所大学（但不是很好的）录取，随便选了几门课，因为他不知道想学什么专业。到最后一年，他不太情愿地选了一门摄影课（他几乎没有时间上课了，因为他为残疾人工作时间很长）。但是他惊讶地发觉他真喜欢这门课，决定将来他要干摄影师的工作。但是乙在毕业后不久被军队征兵去保卫祖国，抵御某个纳粹国家的侵略。第二年，他和邂逅的一个女子热恋起来，暂时与资产阶级世界断了来往并在不久以后和她结了婚。朋友们问他为什么如此完全地与妻子坠入爱河，他只是自我满足地一笑，不能回答。①

① 丹尼尔·贝尔．社群主义及其批评者［M］．李琨，译．北京：生活·读书·新知三联书店，2002：引言 6-7．

在贝尔看来，甲乙两人的故事的寓意是，人们在做自我决定时，比如在选择自己的事业和婚姻伴侣时，并不一定是自觉、自主和理性（既指工具性的理性，又指反思性的理性）的，相反，人们极容易受到外部力量或因素的影响，比如家庭中父母的期望、社会中的角色期待和各种流俗等。人们“常常凭直觉行动，为别人（家庭、朋友、社会集体、政府、上帝）替他们规定的目的与目标奋斗，并随命运支配生活（甲的生活比乙的好吗?）。这些，再加上我们意识到我们每个人的社会关系的依附性的不可选择，就动摇了建立在有理性选择基础上的自由主义的社会机构的理论”①。贝尔的结论是，自由主义崇尚高度个人主义的生活方式，但是高度个人主义的生活方式是不可能的。

在贝尔看来，自由主义者强调个人有选择有价值的生活的权利，但是什么是有价值的生活呢？事实上有价值的生活并不是个人凭空创造的，而是由一个人的社会环境提供的。社会环境不但教会人们在生活中如何行为处事，而且还提供道德的指导。“在选择个人认为什么是真善美的概念出现之前，我们就已经获得了关于善的意识，社会架构就已经限定了什么是有价值的生活。”② 人们心安理得地按照这种由社会架构限定的方式生活，并没有选择按照这种方式生活，但是没有任何理由认为这样的生活就是有问题的，因而这种生活就不是一种有价值的生活。更为严重的情况是，如果整个社会按照自我决定的理想来构架，对那些不行使自决权，不进行生活方式的选择的人来说，可能会带来不可容忍的后果。

确实，正如贝尔这样的共同体主义者所指出的，自我决定不是在真

---

① 丹尼尔·贝尔．社群主义及其批评者［M］．李琨，译．北京：生活·读书·新知三联书店，2002：引言 7-8.

② 丹尼尔·贝尔．社群主义及其批评者［M］．李琨，译．北京：生活·读书·新知三联书店，2002：16.

空中进行的，而且自由主义者也没有必要将不做选择与被压迫等同起来。但是，自我决定权对于个人来说仍然是有意义的。所谓权利，就是指一个人为一个行为或不为一个行为的可能性。拥有自我决定权并不意味着人们时时刻刻都要行使这种权利，都必须做出选择后才能够将生活过得有价值。权利之所以为权利，就在于它让人们在面临压迫性的情形时有说不的资格。在那样的时候，人们不仅能够拒绝受压迫的处境，而且（不是处于孤立无援的境地）还能够获得公力救济。不过，自由主义者关于自我决定的观点实际比我们所认识的走得更远，他们认为自我决定具有内在的价值。

在自由主义者看来，把人当作有道德价值者来看待，必须允许人们的自我决定。否则，就是把人当作物、小孩来看待。自我决定事关人的尊严。如果尊重一个人，就必须允许他自我决定有价值的生活方式。但是，某些人的自我决定可能会犯错误，任由他们自我决定、犯错误无异于道德冷漠（这是一种父爱主义的批评）。为了应对这种批评，自由主义者也许应该考虑进行区别对待：为那些心智不成熟的人如小孩、精神病病人提供家长式管制；让那些心智成熟者自我决定。然而，这种退让仍会遭到批评，因为心智成熟者也可能犯错误。在真实世界中，在心智成熟的成年人中间出现吸烟、酗酒、喜欢暴力、倾向懒惰的情况并不少见。

那么自由主义者如何来为自我决定做辩护呢？对自我决定的第一种辩护否认人们在就生活的价值进行判断时会犯错误。这种辩护指出，价值判断不同于事实判断，它无非是我们主观好恶的表达，价值判断根本无所谓对错，所以人们所有的选择都是合乎理性的。这样一来，国家就没有理由对这些选择做出干涉。但是，对维护自我决定而言，这种怀疑主义的辩护是似是而非的。自我决定不能建立在怀疑主义之上，因为怀疑主义事实上并不支持自我决定。如果对于自己的选择人们不会犯错误，那么政府也不会犯错误。如果所有的生活方式都同样有价值，那么为什么不接受政府为我们（以及为我们的共同体）选择的生活方式呢?

对自我决定的第二种辩护主要基于下面的两个观点：一个观点认为没有人能够比我更好地了解我的利益，就算我并非总是正确，我仍然比他人更可能正确。因而政府并不是个人利益最终的判断者。19 世纪的约翰·密尔（John Stuart Mill）就支持这种观点。密尔在他的《论自由》中指出："对于一个人的福祉，本人是关切最深的人；除在一些私人联系很强的情事上外，任何他人对于他的福祉所怀有的关切，和他自己所怀有的关切比较起来，都是微薄而肤浅的。社会对于作为个人的他所怀有的关切（除开对于他对他人的行为而外）总是部分的，并且完全是间接的；而本人关于自己的情感和情况，则虽最普通的男人或妇女也自有其认识方法，比任何他人所能有的不知胜过多少倍。"① 密尔的这个观点在今天也不乏追随者。但问题是，个人的利益是否能够与他人共享？如果个人的利益能够与他人共享，就不能武断地将对利益的判断权交给孤立的个人，因为它还涉及人与人之间的共同理解。

另一个观点认为一个人被强迫去做一件事，并不会使他的生活变得更好。这倒是一个相当有力的辩护。因为如果存在明显的强迫，那么无论做一件事情本身多么有价值，对个人而言，它也会变得毫无吸引力。如果强迫一个人去做一件他本来认为有价值的事情，那么这件事的价值即便不至于完全消失，至少也会大打折扣。当然，有价值的事情不是凭空产生的；对于做什么事情有价值，在共同体中必然存在着共同的理解。道德价值也是如此，它们并不是人们临时创设出来的。因此，要过一种优良的生活，必须满足两个条件：第一个条件，根据自己关于生活价值的内在信念而选择自己的生活方式；第二个条件，在我们的文化能

① 约翰·密尔．论自由［M］．许宝骙，译．北京：商务印书馆，2005：91.

够提供相应信息、先例和论据的基础上，我们要有质疑和考问那些信念的自由。

在自由主义者看来，个人有权利修正我们既有的信念，这一点非常重要。因为个人有可能会选择在他后来看来并不算是非常合理的生活方式，这个时候，个人应该有权利纠正之前的选择。“过一种优良生活并不等于过我们当下相信为好的那种生活。我们承认，就目前行为的价值，我们可能会做出错误的判断。我们也许会意识到，我们其实一直在浪费自己的生命，一直在追求一些微不足道的但我们却曾经错误地以为具有重大价值的目标。”① 自由主义者承认人的有限性，承认人在判断生活的价值时会犯错误、会走弯路。我们作为人的根本利益是要追求过一种有价值的生活，但它并不一定就是我们当下认为有价值的那种生活。所以，重要的是我们要能够跳出或脱离我们当下的目标。正如人非完人、人有可能会做出错误的选择一样，共同体中的共同信念也肯定不是完美无缺的。有时候，它需要调整和修正。因此，我们也要有质疑和考问共同体中的那些共同信念的自由。

自由主义者的上述观点看起来是十分有力的。自由主义者承认共同体主义者关于人的社会性的观点是正确的，他们同样强调，我们不是任意地选择自己的生活，我们要受到社会关系和义务的束缚。但是，建立在自决价值上的自由主义仍然要求我们要能够批评性地评价我们的目的。用苏格拉底的话来说，就是“未经审视的生活是不值得过的生活”。但是贝尔还是对自由主义关于修正选择的观点提出了批评。贝尔指出：

我们确确实实能够重新检视一些自己的社会依附性。但是其他

① 威尔·金里卡．当代政治哲学［M］．刘莘，译．上海：上海译文出版社，2011：227.

一些社会依附性对我们的个人属性至关重要，我们无法剥离开来。如果非要分离，这就要造成严重的，也许是不可医治的心理创伤。我能够脱离养育了我的家庭吗？也许这样一种尝试会导致邪恶的、始料不及的后果。假如一个来自加拿大北部的因纽特人，突然决定不做因纽特人了，这可能吗？换句话说，这样来看待和接受自己属性中的基本要素是唯一明智的做法吗？①

桑德尔的构成性的自我，讲的也是同样的意思。人们的属性必然是和构成性共同体连在一起的，不管他们在其他方面多么自由，多么具有理性，共同体中的有一些信念是个人无法简单地与之相脱离的。共同体主义者的这个反驳确实有一些道理。但是一个社会中肯定不止一个共同体（或者说一种类型的共同体），不同共同体中的共同信念有可能会相互冲突，所以沃尔泽才会强调要让国家权力来维持诸多共同体之间的平衡关系，要防止其中任何一个领域的善观念越界，甚至蔓延至所有的领域。自由主义者也看到了不同善观念之间的冲突性，但他们更多强调的是善观念在个人之间的分歧，并由此提出了国家中立的主张。

贝尔对自由主义的这一主张做出了如下说明："国家中立的理念最好被理解为对人们普遍接受的下述事实的回应，即：在现代，有理智的人们有着不同的关于美好生活的概念。中立应该看作不过是一些最终目的不一致的人们之间的妥协方式。"② 既然人们关于美好生活，或者说在善观念上存在着深刻的、不可调和的分歧——这些歧见是"关于我

① 丹尼尔·贝尔．社群主义及其批评者［M］．李琨，译．北京：生活·读书·新知三联书店，2002：引言13.

② 丹尼尔·贝尔．社群主义及其批评者［M］．李琨，译．北京：生活·读书·新知三联书店，2002：41-42.

们应当怎样生活的，或者更一般地说，关于国家可能追求的实质性的利益”① 的，那么重要的就是制定一些中立的正义原则，以便协调人们追求各自善观念的行动。与此同时，国家则需要对各种善观念保持中立，而将何种生活方式具有价值这样的问题交由个人自我决定。所谓国家中立，就是指国家既不支持也不反对某种（与正义不矛盾的）生活方式。国家中立的理念体现的是一种反完善论的国家观，与完善论的国家观相对。所谓完善论的国家，就是指国家要对各种生活方式进行评价和排序，然后支持某种生活方式，反对某种生活方式；而反完善论的国家则恰恰相反，是指国家既不应该对各种生活方式进行评价和排序，也不应该选择支持和反对某种生活方式。

共同体主义者并不支持自由主义的国家中立的观点，他们直接否定国家中立理念的前提，即人们在善观念上存在深刻的、不可调和的分歧的假定——自由主义者把这当作一种“假定的事实”来加以接受。共同体主义者否认自由主义者所谓的这一“假定的事实”的真实性，而对“国家可能追求的实质性利益”持有一种乐观的态度。换言之，共同体主义者更倾向于完善论的国家。比如，贝尔就讲：“如果认为一个社群在寻求它的政治意向时，不可能取得实质性的共识，这可能是太武断了。”② 贝尔赞同沃尔泽的观点，认为甚至在美国那样家庭里的小小争吵最后也要通过律师来解决的最爱打官司的社会中，对于一些有关社会物品（social goods）的分配的问题，如医疗保健、工作机会和奖励等，也还是存在着广泛的共识的。

另外，共同体主义者还批评自由主义国家中立的理念会导致某些有

① 丹尼尔·贝尔．社群主义及其批评者［M］．李琨，译．北京：生活·读书·新知三联书店，2002：42.

② 丹尼尔·贝尔．社群主义及其批评者［M］．李琨，译．北京：生活·读书·新知三联书店，2002：42.

价值的生活方式的萎缩。国家中立的理念意味着国家的作用是“保护个人就不同的优良生活观的价值进行判断的能力，并且，在人们之间就权利与资源进行公平的分配以使他们能够按照自己所愿追求自己的善观念”①。可见，自由主义的国家中立与个人自主之间存在内在的联系。自我决定要求国家对各种善观念保持中立。但值得注意的是，国家中立只能保证所有（与正义不矛盾的）生活方式或者说善观念都得到平等的尊重和对待，却不能保证它们都可以得到同等程度的实施。按照国家中立的理念，某种生活方式或者说善观念的实施程度，最终要取决于它对个人的吸引力。换言之，国家中立的理念允许不同的生活方式或者说善观念通过自由的竞争去赢得人们的青睐，并且要求人们为自己的选择（比如选择昂贵的生活方式）承担代价。但在共同体主义者看来，在生活方式或者说善观念的市场中，国家中立的理念容忍了太多普通的而没有价值的生活方式或者说善观念。尽管“中立的”国家对资源的公平分配能够使尽可能多的生活方式成为可能，但却由于这种资源分配过于分散，而无法集中地资助那些有价值的目标，这会使这些目标失去一大批的追随者。

除了国家中立以外，共同体主义者还批评自由主义者过于推崇个人利益，从而导致了对共同利益（common good）某种程度的忽视。在查尔斯·泰勒看来，自由主义的个人是原子主义的和自私自利的个人，这样的人热衷于自己的个人权利和私人利益，却对参与公共生活和分享共同体中的共同观念不热心、不感兴趣。然而，公民对公共生活的参与和对公共制度和政治生活方式的强烈认同等是健康的公共生活的条件。泰勒指出：“在我们高度集中和变动的社会中，这些条件处于危险之下，这种社会在经济和国防政策两方面都受到工具主义考虑的严密支配。更

① 威尔·金里卡．当代政治哲学［M］．刘莘，译．上海：上海译文出版社，2011：231.

糟的是，工具主义所培育的原子主义观点让人们意识不到这些条件，以至于他们乐于支持实际上有损于他们的政策——比如最近在英国和美国的新保守主义措施的冲击，削减福利项目，减少收入的再分配，就腐蚀着社会认同的基础。”①

与自由主义的个人主义（individualism）相反，共同体主义往往以推崇共同利益的集体主义著称。当然，自由主义者并不是全然不讲共同利益，只不过他们是从个人利益出发来理解共同利益的。比如自由主义的契约论就是把政治社会（或者调节社会合作的正义原则）考虑成为由个体意志建立的，并且倾向于工具般地思考它（或者它们）。而共同体主义者则认为，自由主义者的这种从个人利益出发，并且倾向于工具性地来理解共同利益的路径，最后只会消解真正的共同利益。“个人的善势必与社群的善结合在一起，真正的善就是个人之善与社群之善的有机结合，即个人在实现自己的私人利益时，同时也实现了社群的公共利益。真正的善是一种公共的善。”②

自由主义的共同利益观认为，共同利益是个人的不同偏好通过相应的政治和经济过程被整合成某种社会选择的函数；在自由主义社会里，共同利益总是按照个人的偏好模式和个人的善观念来调整的。正如当代美国政治哲学家罗伯托·曼戈贝拉·昂格尔（Roberto Mangabeira Unger）（昂格尔通常也被划入共同体主义的阵营）所言，自由主义者承认，“在群体内部，在或大或小的程度上存在着共享价值的现象。但是这种共享将会是偶然性的与主观性的”，其典型的分享方式是，“并不存在单独的一套被共享之目的，仅仅存在的不过是个别成员之间利益

---

① 查尔斯·泰勒．自我的根源：现代认同的形成［M］．韩震，等，译．南京：译林出版社，2001：795.

② 俞可平．社群主义［M］．北京：中国社会科学出版社，2005：127.

的一些游移不定的拼合而已”①。自由主义者仅仅是从工具的意义上来看待共同利益的，也就是说，只有在被认为能够更好地满足每一个人的利益的意义上才存在共同利益。然而这种共同利益必定是不稳定的，因为对于何谓更好地满足每一个人的利益，个人之间难免会存在不一致的认识。而且事实上，当别人都承认某种共同利益存在的时候，选择无视这种共同利益，从而无节制地追求个人利益或许才对个人最为有利。

与自由主义者看待共同利益的路径不同，共同体主义的共同利益观认为，共同利益是历史形成的，因而是情境化的，而不是由个人的偏好聚合而成的，因而是非情境化的。共同利益是一种关于优良生活的实质观念，共同体主义者用它来界定共同体的生活方式。这种共同利益不再取决于个人的偏好模式，相反，它为评价那些偏好提供了一个标准。换言之，共同利益非但不受公众偏好的左右，反而能够使公众的生活偏好倾向于它。在共同体主义者的眼中，共同利益是对那些共有价值的追求，它要求限制个人选择和追逐自己的生活方式的自由。

对共同体主义者而言，共同利益规定了共同体的生活方式，“共同体的生活方式是对善观念进行公共排序的基础，而个人偏好的分量则取决于偏好者在多大程度上吻合了这种共同利益或在多大程度上为这种共同利益做出了贡献。因此，对那些界定着共同体生活方式的共同目标进行的公共追求，并没有受到中立要求的约束”②。与自由主义的国家中立不同，共同体主义的国家是有偏向性的。它鼓励人们采纳与共同体生活方式相一致的那些善观念，反对与之相冲突的善观念。所以，共同体主义的国家是一种完善论的国家，因为它需要对不同生活方式的价值进

① 罗伯托·曼戈贝拉·昂格尔．知识与政治［M］．支振锋，译．北京：中国政法大学出版社，2009：119.

② 威尔·金里卡．当代政治哲学［M］．刘莘，译．上海：上海译文出版社，2011：234.

行公共排序。不过，共同体主义的完善论并不同于马克思主义的完善论，后者按照对人类利益的某种超历史的解释来对生活方式进行排序，而前者则按照与现存常规相一致的程度来对不同的生活方式进行排序；后者是革命的，而前者是保守的。

二、共同体主义与“无拘的自我”

共同体主义者反对自由主义式的个人自我决定，反对自由主义关于国家中立的理念，不承认自我决定与国家中立之间所谓的联系。共同体主义者对自由主义者的上述不满，归根到底，是因为他们对自由主义的自我观感到不满。在共同体主义者看来，自由主义者关于自我决定和国家中立的观点是建立在一种错误的自我观的基础之上的。比如，桑德尔就指责罗尔斯的自我超越了社会情境，是一种“无拘的自我”（unencumbered self）。“要成为一个道义论的自我，我作为主体的认同就必须独立于我所拥有的事物而给定，也就是说，独立于我的利益和目的以及与别人的关系。”[①] 这种“无拘的自我”消除了种族的、宗教的、历史的以及其他各种类型的结社在构成人的自我身份中的重要性，因此它是一种不具有构成性目的（constitution ends）的自我。

这种“无拘的自我”支持自我决定，而自我决定又预示着“自我优先于目的”，即“我们总是能够跳出任何一种具体目标并追问自己是否愿意继续这种追求。没有什么目的能够免于自我的可能修正”[②]。然而，在桑德尔看来，这种独立于我所拥有的价值之外并且总能够摆脱它们的自我，在真实的世界中是根本不存在的。“对于自我来说——其身

---

① 迈克尔·桑德尔．自由主义与正义的局限［M］．万俊人，等，译．南京：译林出版社，2001：68.

② 威尔·金里卡．当代政治哲学［M］．刘莘，译．上海：上海译文出版社，2011：235.

份是根据此前早已有的目的而建构起来的——力量很少在于召唤意志，而在于寻求自我理解。与之相关的问题就不是选择什么样的目的——因为我的难题根本上来说，是对这一问题的回答业已给出——而是我是谁，我如何能够从一簇可能的目的之中将我之所是与我之所有区分开来。在此，自我的界限并不是固定的，而是诸多的可能性，它们的轮廓不再是自证的而至少部分是尚待形成的。使之变得清晰与确定我的身份的界限是同一回事。”①

桑德尔认为，罗尔斯的自我不仅是一个占有的主体，而且是一个先在个人化的主体，并且总是与其拥有的利益具有某种距离。这种距离将自我置于超越经验的极限地位，从而一次性地也是永久性地将其身份固定下来。除了这样的自我以外，没有任何承诺能够如此深刻地抓住我。对罗尔斯的这种自我观，桑德尔提出了尖锐的批评：“如此彻底独立的自我排除了任何与构成性意义上的占有紧密相连的善（或恶）观念，它排除了任何依恋（或迷恋）的可能性，而这种依附（或迷恋）能够超越我们的价值和情感，成为我们的身份本身。它也排除了一种公共生活的可能性，在这种公共生活中，参与者的身份与利益或好或坏都是至关重要的。而且它还排除了共同的追求和目的能或多或少激发扩展性的自我理解，以至在构成性意义上确定共同体的可能性——这个共同体描述的是主体，而不是共享志向的目标。更一般地说，罗尔斯的解释排除了我们可以称之为自我理解的‘主体间性’或‘主体内的’形式的可能性，排除了构想并不假定其预先给定的边界这样一种主体的方式。”②

在桑德尔这样的共同体主义者看来，真正的自我是一种“嵌入的

① 迈克尔·桑德尔．自由主义与正义的局限［M］．万俊人，等，译．南京：译林出版社，2001：73.

② 迈克尔·桑德尔．自由主义与正义的局限［M］．万俊人，等，译．南京：译林出版社，2001：77.

自我”（encumbered self）。也就是说，真正的自我是镶嵌于社会常规之中的。我就是我的社会角色，我是某人的父母、某人的兄弟、某人的姐妹、某一国家的公民、某一民族的成员等。人们在进行选择之前，就已经身处于这些社会关系的网络之中，而共同体是自我的构成性要素。“共同体不只描述一种感情，还描述一种自我理解的方式，这种方式成为主体身份的组成部分。按照这种观点，说社会成员被共同体意识约束，并不只是说他们中的大部分人承认共同体的情感，都追求共同体的目的，而是说，他们认为他们的身份——既有他们情感和欲望的主体，又有情感的欲望的对象——在一定程度上被他们身处其中的社会所规定。对于他们来说，共同体描述的，不只是他们作为公民拥有什么，而且还有他们是什么；不只是他们所选择的一种关系（如同在一个志愿组织中），而且还是他们发现的依附；不只是一种属性，而且还是他们身份的构成成分。”① 这种共同体不同于手段型和情感型的共同体，桑德尔把它称为“构成性的共同体”。

桑德尔强调，自我总是某个具体情境中的自我，而不是一个（像罗尔斯的道德人那样的）普遍的、抽象的、先验的存在者，更无法随随便便地从其置身的共同体中抽离。“人是由各种先在的价值关系所构成的，人际间的互动产生的相互了解与自我反观内照所产生的自我了解是同样重要的。我们所谓的善恶好坏，总是在这个人际网络中获得其意义的，并且深刻地影响着一个人努力的基本方向。”② 真正的自我预示着“目的优先于自我”。我们不能把自己理解为与我们的目的、属性无关，我们的自我至少部分地要由我们所从属的共同体界定，因此我们必

① 迈克尔·桑德尔．自由主义与正义的局限［M］．万俊人，等，译．南京：译林出版社，2001：181-182.

② 吴玉军．现代性语境下的认同问题：对社群主义与自由主义论争的一种考察［M］．北京：中国社会科学出版社，2012：43.

定与这些共同体的目的有关。离开特定的目的与善去认识自我是不可能的。

桑德尔对以罗尔斯为代表的当代自由主义者（其中还包括诺奇克这样的自由至上主义者）的批评，概括起来讲，主要包括以下两点：

第一，桑德尔认为自由主义的自我违背我们的自我洞察。在桑德尔看来，当我们对自我进行最深入的洞察时，就会发现自我总包含着一些动机，它们表明自我是由目的构成的——这是一种“厚重的自我”。但是，罗尔斯的自我观把自我当作“无拘无束的、无提前限制的、优先于其目的的代理和占有的纯粹主体，最终成为一个‘薄的’主体（或自我）”①。这种观点完全冲突于那种“既使个人具有‘深厚的特殊品性’，同时又能避免罗尔斯以偶然性来确认自我认同的那些道德困难和认识论困难”的实质性的个人主义理论。②

针对共同体主义者的这一批评，自由主义者也许可以这样来为自己辩护：自我可以是厚重的、有内容的，自我决定并不否认这一事实，而只是说，任何自我的内容都不能免于再检查的可能性。这一点在很大程度上是正确的。正如金里卡所讲，“自由主义的中心观点并非是，我们可以先于目的而洞察到自我。当自由主义者把自我理解成优先于目的时，所要表达的意思是：没有任何目的或目标可以免于再检视的可能性。为了有意义地实施再检视，我必须能够意识到，我的自我被许多不同于我目前拥有的动机包围着，这样我才有理由根据价值的高低在不同的动机之间作出选择。”③ 自由主义强调我总是可以设想我的自我不受

① 迈克尔·桑德尔. 自由主义与正义的局限［M］. 万俊人，等，译. 南京：译林出版社，2001：116.

② 迈克尔·桑德尔. 自由主义与正义的局限［M］. 万俊人，等，译. 南京：译林出版社，2001：123.

③ 威尔·金里卡. 当代政治哲学［M］. 刘莘，译. 上海：上海译文出版社，2011：239.

制于当前的目的，这并不意味着我可以洞察到不受制于任何目的的自我——那是一种“稀薄的自我”。

第二，桑德尔认为自由主义的正义忽略了我们被嵌入在社会常规之中这一事实。如前面所说，桑德尔指责罗尔斯的自我观超越了社会情境，是一种“无拘的自我”。他提出，不仅没有“无拘的自我”，而且没有可以被质疑和改变的自我，即能够摆脱所有的社会常规进行自我决定的自我，因为自我是被镶嵌在特定情境下的某个共同体的社会常规和纽带之中的。共同体不仅规定人们可以拥有什么，而且规定了他们是谁；不仅提供了他们可以选择建立（像在自由结社中）的关系，也提供了可以让他们去发现的相互关系；不只成为个人的一个特征，也成了他们认同的构成部分。所以，自我是被发现的，而不是被判断和选择的。

面对共同体主义者的责难，自由主义者可以在承认共同体主义的一些前提的情况下为自己辩护：我们当然如桑德尔所说是镶嵌在社会常规之中的，我们在不同的社会关系中扮演着不同的社会角色，而且我们有必要去理解这些社会关系的意义以及它们寄予各种角色的期望和要求（包括道德要求），因为只有这样我们才能做出有价值的行动。这种理解在桑德尔那里是通过我们作为“自我阐释的存在者”来完成的。但是，无论是自我阐释生活的意义也好，还是自我发现也好，都不能取代我们对如何生活进行判断。主体不但有能力对自己的生活进行修正，也有能力参与对自我进行建构。如果认为我们既不能选择又不能拒绝所有既有的社会常规和纽带，那就太过分了。共同体主义者没有理由断然拒绝对社会常规和纽带所做的任何改变。这样，我们被嵌入共同角色的共同体主义的观点，就能够结合我们是独立个体的自由主义的观点；把实践推理当作自我发现的过程的共同体主义的观点，就能够结合把实践推理当作判断与选择过程的自由主义的观点。正是由于这个原因，金里卡认为共同体主义和自由主义之间的对立也许是可以加以调和的。①

三、自由主义的共同体主义化：超越自由主义与共同体主义的对峙

针对共同体主义者的批评，自由主义者对自己的某些观点进行了调整，或者更准确地说，自由主义者明确地宣称自己愿意接受共同体主义者的某些命题，这使得自由主义出现了某种程度的共同体主义化的倾向。比如，桑德尔批评罗尔斯的道德人观念摒弃了对个人之间深刻纽带或最高目的的任何实质性承诺，因而只把人视作冷漠的、空洞的、理性的选择机器。“如果组成自我的所有东西只是多种偶然的欲望、需求和目的的聚合，那么，无论对于自我，还是某一外部的观察者，必将以一种任意的方式把这些欲望、需求和目的认同为任何特殊主体的欲望。甚至不仅仅是属于主体，而且他们就是主体。但是他们所是的主体将无法从一未言及情境的不加区别的属性之海洋中分辨出来，也就是说，它根本就不是什么主体，至少不是我们会承认或辨认为像人一样的主体。”②但是，这种人更符合《正义论》中罗尔斯对原初状态下各方的描述，而无法反映罗尔斯道德人的全部面貌。事实上，罗尔斯的道德人也是社会中的人，他们能够认识到社会合作的益处，并且愿意相互分担社会合作的风险。后期罗尔斯越来越自觉地强调自己使用的是这种人的概念。

（一）后期罗尔斯理论的共同体主义化

后期罗尔斯明确指出他的两个正义原则只在一个有边界的国家（政治共同体）之内才适用，他的正义理论中的个人并不是原子主义的、自私自利的个人，而是具有正义感的、参与社会合作的个人。这样

---

① 威尔·金里卡．当代政治哲学［M］．刘莘，译．上海：上海译文出版社，2011：242.

② 迈克尔·桑德尔．自由主义与正义的局限［M］．万俊人，等，译．南京：译林出版社，2001：25-26.

的个人是自由和平等的，由自由和平等的人组成了世代相继的公平的社会合作体系。作为自由和平等的人的公民观念，是从社会领域的各种特征中抽取出来的，在这样的人的身上仍然带着强烈的社会性的特征；而这种社会性的特征归根到底源自一个世代相继的公平的社会合作体系。虽然这样的社会合作体系是世代相继的，但它却不同于一成不变的自然秩序，它要受到人们关于自己与社会的理想的影响。罗尔斯讲："一个民主社会通常被视为一个社会合作体系，这是由下述事实所揭示的，即在关于政治权利之基本问题的公共讨论的背景下，从政治的观点看，公民并不将他们的社会秩序视为一种不变的自然秩序，也不将其视为一种可由宗教学说或等级制度原则得到辩护的制度结构，而这些宗教学说或等级制度原则所表达的是贵族政治的价值。"①

罗尔斯的后期思想在他 1993 年出版的《政治自由主义》（*Political Liberalism*）一书中得到了较为系统的表达。罗尔斯在这本书的"第一讲"中就指出，公平正义的起组织核心作用的理念（central organizing idea）是一种世代相继的公平的社会合作体系的理念，而这一理念被看作隐含在民主社会的公共文化之中。这意味着公平正义只适合于特定的民主社会，并不具有普世主义的特点。对于这样的社会合作体系，罗尔斯强调，绝大多数的人只能生入其中、死出其外（也就是说，虽然可以以社会契约的观念来理解社会合作，但社会合作体系实际上并非人们选择的结果），并在很大程度上受到它的塑造——这正如共同体主义者所强调的那样。

与公平的社会合作体系的理念直接相关联的是作为自由和平等的人的公民的理念，因为社会合作体系就是由这样的人（或者说公民）所组成的。关于这种人的概念，罗尔斯是这样讲的："自古代世界起，个

---

① 约翰·罗尔斯．作为公平的正义：正义新论［M］．姚大志，译．上海：上海三联书店，2002：10.

人的概念在哲学和法学中，一直被理解为某个能够参与社会生活，或能够在社会生活中发挥作用，因之能践行和尊重社会的各种权利与义务的人之概念。因此，我们说，个人便是某个能够成为公民的人，也就是，能够成为一个正常的终身能充分参与合作的社会成员。”① 可见，这样的人绝非共同体主义者所批评的那种孤立的、只会工具性地对待彼此的个人。另外，说自由和平等的个人是终身能参与合作的社会成员，这意味着由这样的人所组成的社会合作体系，不但是一个自足的政治共同体，而且是一个世代相继的、因而拥有自己特殊历史的政治共同体。罗尔斯讲，我们“不仅把社会看作封闭性的，而且也把它看作一个或多或少完善自足的合作图式，它自身内部已为人们终身所需的一切生活必需和活动准备了条件。我们也把这样一个社会设想为永久存在的社会：它世世代代生产和再生着它自身以及它的制度和文化，生生不已，万代千秋”②。可见，罗尔斯与共同体主义者一样严肃地对待社会制度和文化的历史延续性。

能够充分参与社会合作体系的个人是自由和平等的，这主要是因为他们具有两种道德能力，即正义感的能力和善观念的能力。“正义感即是理解、运用和践行代表社会公平合作条款之特征的公共正义观念的能力”，“善观念的能力乃是形成、修正和合理追求一种人的合理利益或善观念的能力”。③ 除了具有这两种道德能力之外，个人也具有一种他们在任何既定时刻力图实现的决定性善观念，这种善观念当然并不是凭空产生的。对此，罗尔斯解释道：“我们切莫狭隘地理解这一观念，相

① 约翰·罗尔斯．政治自由主义［M］．万俊人，译．增订版．南京：译林出版社，2011：16-17.

② 约翰·罗尔斯．政治自由主义［M］．万俊人，译．增订版．南京：译林出版社，2011：17.

③ 约翰·罗尔斯．政治自由主义［M］．万俊人，译．增订版．南京：译林出版社，2011：17.

反，必须把它理解为包含着一种人生价值观念的善观念。因此，一种善观念通常都由一种或多或少具有决定性意味的终极目的（即我们因其自身之故而想实现的目的）图式，以及对他人的情感依附和对各种各样的群体和联合体的忠诚所组成。这些情感依附和忠诚产生了奉献和仁爱的情感，所以，作为这些情感之对象的个人和联合体的繁荣发展，也是我们善观念的一部分。"① 但是，作为自由主义者，罗尔斯和一般的共同体主义者的不同之处在于，他承认"个人的善观念并不是固定不变的，而是随着他们不断成熟而形成和发展的，在他们的整个生活历程中，可能或多或少会发生重大改变"②。那种认为个人的善观念源自其所属的共同体，而且一旦形成就会保持不变，无法做出任何修改的保守的共同体主义的观点，显然是罗尔斯这样的自由主义者无法接受的。

共同体主义者承认，后期罗尔斯的思想（比如在他所谓的"政治自由主义"的观点中）确实在某种程度上已经共同体主义化了，但是他们仍然对罗尔斯的政治自由主义感到不满，认为作为自由主义者的罗尔斯能够做出的退让是有限的。在一些根本性的问题上，在罗尔斯的观点与共同体主义的信念之间存在着不可跨越的鸿沟。比如，贝尔就指出："我们已经看到，自由主义的前提已经被罗尔斯本人也许还有其他自由主义者社群主义化了。然而，在自由主义的结论上，却没有这种转变。自由主义者听到了社群主义理论对于人的孤寂、离婚、无归属感，对政治的冷漠和与当代西方社群崩溃有关联的社群主义的忧虑。但是，这一点大体上并未使他们考虑有必要修改传统的自由主义制度与实践，以汲取社群主义理念的价值。其中一些人干脆承认，'在自由主义看

① 约翰·罗尔斯．政治自由主义［M］．万俊人，译．增订版．南京：译林出版社，2011：17-18.
② 约翰·罗尔斯．政治自由主义［M］．万俊人，译．增订版．南京：译林出版社，2011：18.

来，一个好的社群’实际上就是生活在一个自我陶醉的、肤浅的世界里，而不承担深刻的或长期的义务，而这是一种值得付出的代价。”①

后期罗尔斯思想发生的某些变化不能令共同体主义者感到满意，在我们看来，这是可以理解的。因为就后期罗尔斯的思想本身来说，它之所以会发生某些变化（我们可以把这种变化称为“罗尔斯的政治自由主义转向”，或者干脆就叫作“罗尔斯的政治转向”），主要是由其内在的逻辑（使用将合理多元论的事实考虑在内的广义的反思平衡来消除正义理论的内部紧张）和实践的逻辑（政治的正义观念要作为公共的理由来指导西方民主社会的政治实践）所引起的，并非简单的对共同体主义者的妥协。共同体主义者的批评至少在三个方面出现了偏差，没有正中罗尔斯式的政治自由主义的靶心。

第一，如前所述，桑德尔批评罗尔斯的正义理论依赖于一种关于人的形而上学的观点。在许多共同体主义者看来，罗尔斯的正义理论是建立在一种康德式的个人观念的基础之上的。然而，后期罗尔斯在公开地声称要放弃其观点中的康德式的基础（作为对合理多元论事实的回应）的同时，只要涉及公平正义的内容和结构，《政治自由主义》所肯定和发展的具有康德式特征的观点比以前更多了。例如，后期罗尔斯的政治建构主义的观点、自由和平等的个人观念、正当的优先性的观点等，都具有浓厚的康德主义的色彩。在后期罗尔斯的思想中，他所推崇的政治自由主义观念（罗尔斯依旧相信公平正义的两个原则是最恰当的政治正义观念）仍然具有很强的康德主义特征，但这种特征被视为民主社会公共文化的特征。罗尔斯承认，康德、密尔等人（他们都属于西方历史上杰出的自由主义思想家）都是西方民主社会公共文化传统的奠基者。因此，西方民主社会的公共文化具有康德主义的色彩、密尔主义

① 丹尼尔·贝尔．社群主义及其批评者［M］．李琨，译．北京：生活·读书·新知三联书店，2002：引言 14-15.

的色彩不足为奇。但是，实现政治自由主义转向后的罗尔斯，确实放弃了对公平正义的某种康德式的解释——这种解释曾经是《正义论》第三部分中稳定性证明的重要组成部分。换言之，人们不再有必要基于康德式的人的观念来接受两个正义原则。

第二，共同体主义者批评罗尔斯康德式的自由主义缺乏共同的善的观念，然而，事实上，《正义论》依赖的是一种罗尔斯后来称之为“部分完备的”善的观念，这是秩序良好的社会里的人们共同的善的观念。这一点在《正义论》第三部分正当与善的“一致性”论证中表现得最为显著。《政治自由主义》的一个主要变化是它放弃了这种部分完备的善观念，同时也放弃了一般的康德式的道德观念，不再试图依赖这种观念来为公平正义提供基础。正如后期罗尔斯所指出的：“《正义论》把公平的正义和功利主义都当作完备性的或部分完备的学说。”① 但是“任何一种完备性学说都不适合于作为立宪政体的政治观念”②。然而，后期罗尔斯思想中的这些变化有可能会使他的观点遭到某些共同体主义者更激烈的反对。因为正如我们看到的那样，罗尔斯主张平等主义的自由主义，虽然坚持一贯的正义原则，后来却认为这种观念不能够包含任何一般的道德观念（如康德式的道德观念）或完备性善的观念。这就

① RAWLS J. Political Liberalism [M]. New York: Columbia University Press, 1996: Interlocution xvi. 中译本中，万俊人教授此处的译文含义并不清楚。英文版著作相应段落为：“Once the question is raised, it is clear, I think, that the text regards justice as fairness and utilitarianism as comprehensive, or partially comprehensive, doctrines.” 中译本将这句话翻译为“一旦提出这个问题，我认为，《正义论》有关公平正义和作为完备性或部分完备性学说的功利主义的具体行文还是清楚的”。参见约翰·罗尔斯. 政治自由主义 [M]. 万俊人，译. 增订版. 南京：译林出版社，2011：导论 3. 我们倾向于按照字面意义将之翻译为“一旦提出这个问题（提出了政治的正义观念与完备性学说之间的区分后），我认为，《正义论》把公平的正义和功利主义都当作是完备性的或部分完备的学说的具体行文还是清楚的”。这里采用了我们自己的译文。

② 约翰·罗尔斯. 政治自由主义 [M]. 万俊人，译. 增订版. 南京：译林出版社，2011：125.

否认了共同体主义视为根本性的东西：政治上认可并被社会成员所分享的完备性人类善的观念是一种社会条件和政治利益。当然，实现政治自由主义转向后的罗尔斯，确实在公共政治观念的范围内承认一种为公民们共享的、内在的善，即受政治的正义观念有效规范的政治社会之善。《正义论》和《政治自由主义》都在某种意义上承认某些正义的共享的善的观念是一种社会条件和政治利益。但是，罗尔斯在《政治自由主义》中的看法与在《正义论》中的看法不同，前者要求这种善不能被公共地视为或确认为任何完备性伦理观念的一部分。

第三，共同体主义者提出，自由主义者在论证他们的理论时，比如在他们采用契约论的方法来论证他们的原则时，个人仅仅是从工具性的意义上来理解政治社会或者社会合作的，这样的人是一群明智却又自私自利的个人。但是，《政治自由主义》中关于政治社会的善观念超越了一般自由主义对政治关系的工具性的理解，后者只把政治制度视为达到个人目的或联合体目的的纯粹手段，因而沦为了“私人社会”的制度。罗尔斯强调，对于政治社会，我们只能生入其中、死出其外，并且不可避免地要受到它的影响和塑造。社会基本结构的各种制度“具有深刻而长远的社会效果，并在一些根本方面塑造着公民的品格和目的，亦即塑造着他们所是的和渴望成为的那种个人”①。罗尔斯指出，正义原则的设计是用来形成一个社会世界的，在这里，公民们首先获得了他们的品格和个人观念，获得了完备性的观点及其善的观念。但秩序良好的民主社会却与此种实际的社会不同，秩序良好的社会除了宪法规定的特殊社会目的之外，没有任何个人或联合体所拥有的那种先定的终极目的和目标，即那些在完备性学说中占有特殊地位的目的和目标。按照罗尔斯的规定，秩序良好的社会并不是私人社会。在秩序良好的社会里，公民

① 约翰·罗尔斯．政治自由主义［M］．万俊人，译．增订版．南京：译林出版社，2011：63.

们确有共同的终极目的，他们能够认肯相同的政治正义观念，能够共享非常基本的政治目的。但是，这样的社会并不要求公民们认可相同的完备性学说。公平正义（以及其他可能的自由主义的政治正义观念）摒弃那种政治共同体的理想，如果这种理想意味着以一种（部分的或完全的）完备性宗教学说、哲学学说或道德学说为基础的政治社会的统一的话。后期罗尔斯虽然十分重视共同体的价值，但却拒绝共同体主义者所珍视的那种政治共同体。这样，罗尔斯就在一般自由主义与共同体主义之间采取了一条中间路线。将政治社会视为一种内在的善，虽然避免了工具性的国家观（即从达到个人或者联合体目的的工具性的角度来理解政治社会），但最终罗尔斯的主张还是与共同体主义的观点相去甚远。由于共同体主义把民主社会看作一种共同体，它必然会忽视建立在一种政治的正义观念之上的公共理性（public reason）的限制范围，结果令立宪民主政体陷入困境。然而，立宪民主政体并不把社会统一的基础建立在公民们对完备性真理的一致见解之上，它并不要求那种无法得到公共理性证明的更为深刻的社会统一。

（二）政治自由主义对共同体主义的包容

除了出现某种程度的共同体主义化以外，罗尔斯式的政治自由主义还试图以拓展宽容边界的方式来实现对共同体主义的某种包容。在自由主义思想史中，17 世纪的英国哲学家、政治思想家约翰·洛克首次对宽容进行了专门的讨论。洛克讨论的主要是宗教宽容。西方世界的宗教宽容起源于延续了数个世纪的血腥暴力的宗教冲突和宗教战争，宗教宽容在自由主义的发展史上扮演过十分重要的角色。罗尔斯讲："政治自由主义（以及更一般意义上的自由主义）的历史起源，乃是宗教改革及其后果，其间伴随着十六、十七世纪围绕着宗教宽容所展开的漫长争论。类似良心自由和思想自由的现代理解正始于那个时期。正如黑格尔所看到的那样，多元论使宗教自由成为可能，而这当然不是路德和加尔文的本意所在。”①

在《论宗教宽容》中，洛克提出必须严格区分公民政府的事务与宗教事务，并正确地规定二者之间的界限。因为若非如此的话，宗教冲突和宗教战争将难以避免。洛克认为：“国家是由人们组成的一个社会，人们组成这个社会仅仅是为了谋求、维护和增进公民们自己的利益”，“所谓公民利益，我指的是生命、自由、健康和疾病以及对诸如金钱、土地、房屋、家具等外在物的占有权”②。在洛克看来，公共利益是检验全部立法的准则和尺度，因而作为国家权力执行者的官长的职责是：“公正无私地行使平等的法律，总体上保护所有的人并具体地保护每一个公民属于今生的对这些东西的所有权。”③ 为了关怀和增进这些公民权利，官长可以“以他的全体臣民的力量为后盾，去惩罚那些侵犯任何他人权利的人”，但他的权力“不能也不应当以任何方式扩及灵魂拯救”④。这是因为，有充分的理由确认，掌管灵魂事务的权力根本不属于官长。洛克强调：“公民政府的全部权力仅与人们的公民利益有关，并且仅限于掌管今生的事情，而与来世毫不相干。”⑤

教会与国家不同。洛克认为：“教会是人们自愿结合的团体，人们加入这个团体，是因为他们认为能够用上帝可以允许的方式礼拜上帝，

---

① 约翰·罗尔斯．政治自由主义［M］．万俊人，译．增订版．南京：译林出版社，2011：导论 10-11.

② 约翰·洛克．论宗教宽容：致友人的一封信［M］．吴云贵，译．北京：商务印书馆，1996：5.

③ 约翰·洛克．论宗教宽容：致友人的一封信［M］．吴云贵，译．北京：商务印书馆，1996：5.

④ 约翰·洛克．论宗教宽容：致友人的一封信［M］．吴云贵，译．北京：商务印书馆，1996：5.

⑤ 约翰·洛克．论宗教宽容：致友人的一封信［M］．吴云贵，译．北京：商务印书馆，1996：8.

以达到拯救灵魂的目的。"① 所以说，教会是一个自由的、自愿的团体。没有任何人生来就属于某一教会，但是每个人都可以自愿地加入某个教会，当然也可以自愿地脱离某个教会。"对一个教会会员说来，除了他对永生的确切期待以外，再没有任何其他东西使他和教会联系在一起。"② 既然教会的宗旨仅仅是共同礼拜上帝，并以此手段求得灵魂的拯救，那么它的一切规定都应该有助于这个目的，教会的全部法规也应该以此为限。"教会不应也不能受理任何有关公民的或世俗财产的事务，任何情况下都不得行使强力。因为强制权完全属于官长，对一切外在物的所有权都属于官长的管辖权。"③ 对于教会的法规，如果信徒不是出自内心的赞同和坚信来遵守，那是完全无用和无益的。对于违反教会法规的行为，教会唯一能够使用的手段就是规劝、训诫和勉励；如果经过这些手段仍不能使违反者改邪归正，教会也只能将之逐出教会。这是教会最大的也是最后的一项权威。"对于被开除者，教会除与之断绝关系外，不能再进行其他惩罚，受罚者不再是那个教会的一员。"④

在洛克看来，在处理公民政府的事务时，如果有必要的话，国家的官长可以使用强制，但由于宗教事务只与人们内在的信仰相关，教会在处理宗教事务的时候并不适合使用强制，因为对内心世界的信仰是无法施加强制的。洛克主张宗教事务只与人们的内在信仰相关，因而人们有权以自己的方式（用洛克的话说就是"用上帝允许的方式"）礼拜上

① 约翰·洛克．论宗教宽容：致友人的一封信［M］．吴云贵，译．北京：商务印书馆，1996：8.

② 约翰·洛克．论宗教宽容：致友人的一封信［M］．吴云贵，译．北京：商务印书馆，1996：8.

③ 约翰·洛克．论宗教宽容：致友人的一封信［M］．吴云贵，译．北京：商务印书馆，1996：11.

④ 约翰·洛克．论宗教宽容：致友人的一封信［M］．吴云贵，译．北京：商务印书馆，1996：11.

帝。相对于宗教压迫而言，这种宗教自由无疑是一个很大的进步。但是，洛克的宗教宽容论仍然存在明显的时代局限。洛克的宽容是有边界的，宽容的边界仅限于基督徒。质言之，洛克承认的最多是对不同的基督教信仰的宽容，对过去不被宽容的基督教异端的宽容，但绝对不是对异教徒的宽容。对于不信仰基督教上帝的人，洛克的态度说得很清楚："那些否认上帝存在的人，是根本谈不上被宽容的。"① 洛克的理由是，如果有人在头脑里摒除了上帝的存在，他就不可能受诺言、契约、誓言等这些人类社会基本准则的约束，从而也就无法在社会中生活。

尽管洛克的宗教宽容止于信奉基督教上帝的人，但是他赞成不同的基督教信仰的存在，主张人们享有自由地信奉基督教上帝的权利，而这为个人的良心自由开辟了发展的空间。到了 19 世纪，在英国功利主义思想家约翰·密尔的《论自由》中，现代自由主义的宽容观念已经基本成形。"19 世纪，密尔的《论自由》标志着西方传统宽容观念向现代宽容观念的转变，宽容不再被限制在宗教差异上，宽容也被用来处理其他文化、社会和政治的多样性。"②

密尔采用一条简洁明了的原则即"伤害原则"来捍卫个人自由。他指出："人类之所以有理有权可以个别地或者集体地对其中任何分子的行动自由进行干涉，唯一的目的只是自我防卫。这就是说，对于文明群体中的任一成员，能够施用一种权力以反其意志而不失为正当，唯一的目的只是要防止对他人的危害。若说为了那人自己的好处，无论是物质上的或者是精神上的好处，那不成为充足的理由。"③ 所以，在一个文明的社会中，对一个人而言，"要使强迫成为正当，必须是所要对他

① 约翰·洛克．论宗教宽容：致友人的一封信［M］．吴云贵，译．北京：商务印书馆，1996：41.

② 刘曙辉．西方哲学史上的宽容思想研究［M］．北京：社会科学文献出版社，2017：167.

③ 约翰·密尔．论自由［M］．许宝骙，译．北京：商务印书馆，2005：10-11.

加以吓阻的那宗行为将会对他人产生祸害。任何人的行为，只有涉及他人的那部分才须对社会负责。在仅只涉及本人的那部分，他的独立性在权利上则是绝对的。对于本人，对于他自己的身和心，个人乃是最高主权者”①。虽然关于人的行为“涉及他人的那部分”与“只涉及本人的那部分”的区分，其含义并不是十分的清楚明了，但密尔的“伤害原则”仍不失为一个简洁有力的划分个人与群体权利界限的标准。

在“伤害原则”的基础之上，密尔所关注和讨论的自由是公民自由或社会自由。在他看来，这种自由的适当领域主要有三个方面，即思想和言论自由、个性自由、公民交往和结社的自由。

自由的第一个领域是思想和言论自由，即表达自己观点、发表自己言论的自由。思想和言论自由是科学文化繁荣的前提条件。密尔讲：“意识的内向境地，要求着最广义的良心的自由；要求着思想和感想的自由；要求着在不论是实践的或思考的、是科学的、道德的或神学的等等一切题目上的意见和情操的绝对自由。说到发表和刊发意见的自由，因为它属于个人涉及他人那部分行为，看来像是归在另一原则之下；但是由于它和思想自由本身几乎同样重要，所依据的理由又大部分相同，所以在实践上是和思想自由分不开的。”②

自由的第二个领域是个性自由，即按照自己的意志生活，将自己的意见付诸实践的自由。个性自由是个人创造力以及社会的活力之源。所以，没有个性自由，便没有社会的进步。密尔讲：“这个原则还要求趣味和志趣的自由；要求有自由制订自己的生活计划以顺应自己的性格；要求有自由照自己喜欢的去做，当然也不规避会随来的后果。这种自由，只要我们所做所为并无害于我们的同胞，就不应遭到他们的妨碍，

---

① 约翰·密尔．论自由［M］．许宝骙，译．北京：商务印书馆，2005：11.
② 约翰·密尔．论自由［M］．许宝骙，译．北京：商务印书馆，2005：14.

即使他们认为我们的行为是愚蠢、悖谬，或错误的。”①

自由的第三个领域是公民交往和结社的自由，即为了任何无害于他人的目的而彼此联合的自由。商业的兴盛、经济的发展、社会的兴旺等，都离不开公民交往和结社的自由。密尔讲：“随着各个人的这种自由而来的，在同样的限度之内，还有个人之间相互联合的自由；这就是说，人们有自由为着任何无害于他人的目的而彼此联合，只要参加联合的人们是成年，又不是出于被迫或受骗。”② 密尔最后总结道：“唯一实称其名的自由，乃是按照我们自己的道路去追求我们自己的好处的自由，只要我们不试图剥夺他人的这种自由，不试图阻碍他们取得这种自由的努力。每个人是其自身健康的适当监护者，不论是身体的健康，或者是智力的健康，或者是精神的健康。人类若彼此容忍各照自己所认为好的样子去生活，比强迫每个都照其余的人们所认为好的样子去生活，所获是要较多的。”③

密尔将洛克的宗教宽容扩展至更加广泛的领域，即对不同的思想和言论、对个性，以及对不同的利益的宽容，从而标志着西方宽容观念已经过渡到现代。洛克的宗教自由采取了个人良心自由的观念，而到了密尔这里，自由崇拜、宗教传播、改变宗教信仰，甚至根本拒绝宗教，都成了个人的基本权利。值得注意的是，与密尔生活的时代相比，当今西方社会中的文化、社会和政治的多样性已经变得更加深刻。比如罗尔斯就说，现代西方社会中存在着冲突着的、互不相容但又合理的完备性学说同时并存的事实——罗尔斯将这一事实称作合理多元论的事实（fact of reasonable pluralism）。

① 约翰·密尔. 论自由［M］. 许宝骙，译. 北京：商务印书馆，2005：14.
② 约翰·密尔. 论自由［M］. 许宝骙，译. 北京：商务印书馆，2005：14.
③ 约翰·密尔. 论自由［M］. 许宝骙，译. 北京：商务印书馆，2005：14.

> 现代民主社会不仅具有一种完备性宗教学说、哲学学说和道德学说之多元化特征，而且具有一种互不相容然而却又合乎理性的诸完备性学说之多元化特征。这些学说中的任何一种都不能得到公民的普遍认肯。任何人也不应期待在可预见的将来，它们中间的某一种学说，或某些其他合乎理性的学说，将会得到全体公民或几乎所有公民的认肯。政治自由主义假定，出于政治的目的，合乎理性的然而却是互不相容的完备性学说之多元性，乃是立宪民主政体之自由制度框架内人类理性实践的正常结果。政治自由主义还假设，一种合乎理性的完备性学说并不拒斥民主政体的根本。当然，某一社会也可能包含有不合乎理性的、非理性的，甚至是疯狂的完备性学说。在这些情形下，问题是去包容它们，以使它们不致削弱社会的统一和正义。①

针对合理多元论的事实，罗尔斯试图将宽容的边界进一步拓展至完备性学说②。后期罗尔斯强调公平正义的观念是一种政治的正义观念，这样的观念不奠基于任何一种完备性学说，却期待各种冲突着的、互不相容却又合理的完备性学说可以从其内部出发，依据不同的理由来认肯它。后期罗尔斯强调，这种政治的正义观念并不是普遍主义的观念，而是源于西方民主社会的公共文化，并且只适用于这样的社会。后期罗尔

① 约翰·罗尔斯．政治自由主义［M］．万俊人，译．增订版．南京：译林出版社，2011：导论4.

② 后期罗尔斯关注的主要是完备性或者说综合性的道德学说，即“一般的道德观念”（general moral conception）和“完备性的道德观念”（comprehensive moral conception）。罗尔斯讲：“若一道德观念面向一广泛的主题范围，并普遍适用于所有主题，则该道德观念便是普遍的（一般的）。而当它作为一个整体，包括各种有关人生价值观念、个人品格理想，以及友谊、家庭和联合体关系的理想，乃至在我们的一生中，指导我们行为的其他理想时，则它就是完备的。”参见约翰·罗尔斯．政治自由主义［M］．万俊人，译．增订版．南京：译林出版社，2011：12.

斯仍然推崇秩序良好的社会的理想，但秩序良好的社会的概念除了最初的三个基本含义外，还应该以对那些与自由主义的政治正义原则相容的不同完备性学说和生活方式的宽容为标志。

罗尔斯指出，与合理多元论的事实相关的另一个一般事实是压迫性的事实（fact of oppression）。压迫性的事实意味着，由于合理多元论的事实的存在，在现代西方社会中，要想维持公众对某种完备性学说的持续忠诚，就只有依靠使用国家的压迫性权力，从而随之而来的不仅是官方罪行和不可避免的粗暴和残忍，而且还有对宗教、哲学和科学的败坏。罗尔斯讲："中世纪社会，在确认天主教信仰方面或多或少意见一致的时候，宗教法庭（Inquisition）的存在不是偶然的；为了保护共享的宗教信仰，必然需要对异端进行镇压。为了维护任何一种统合性（完备性）哲学理论、道德学说甚或世俗学说，我们认为，同样的事情也会发生。一个一致同意功利主义或者康德或密尔道德学说的社会，为了维持它们，也会同样需要使用压迫性的国家制裁权力。"①

毫无疑问，为了维护某种完备性的观念而导致压迫性的结果，这是与自由主义的理想背道而驰的。要想避免压迫性的事实中的种种恶果，就只能依靠某种政治的正义观念（信奉不同完备性学说的人都从他们信奉的学说出发来认肯这样的政治的正义观念）来实现政治社会的持久和平和稳定，而不能将实现持久和平和稳定的希望建立在维持对一种完备性学说的一致信仰的基础之上。换言之，就是要求宽容各种完备性学说——不管它们是合理的（reasonable）还是不够合理的。正如罗尔斯所指出的那样，在系统地阐述公平正义的观念时，"政治自由主义将

① 约翰·罗尔斯. 作为公平的正义：正义新论［M］. 姚大志，译. 上海：上海三联书店，2002：57.

宽容原则运用到哲学本身”①。而这也正是民主社会中政治正义的第二个基本问题，即普遍方式的宽容问题。罗尔斯把它概括为：“这样把合理多元论事实当作自由制度之不可避免的结果来理解和给定的宽容基础是什么?”②

在罗尔斯看来，政治自由主义的目的就是寻求一种政治的正义观念。这种政治的正义观念不是作为某种强势的完备性学说的一部分，而是作为一种独立的观点（freestanding view）被信奉不同完备性学说的人们接受的。因此，它不提供任何超出该政治观念本身所蕴含的内容的特殊形而上学学说或认识论学说。罗尔斯讲：“作为对诸种政治价值的解释，一种独立的政治观念并不否认其他价值，比如说，应用于个人、家庭和联合体的价值；它也不是说政治价值与其他价值分离无关。如我所言，它的目的之一，是以这样一种方式具体规定政治的领域及其正义观念，即认为，政治领域的制度可以获得一种重叠共识的支持。在此情形下，公民本身在实践其思想自由和良心自由，并审视其完备性学说的范围内，便把政治观念看作是从他们的价值中推导出来的，或者是与他们的价值相吻合的，或者至少不与他们的价值相冲突。”③

那么，作为一种独立观点的政治的正义观念的来源是什么呢？罗尔斯认为，这样的观念并非无根之木、无源之水，而是来自西方民主社会的公共文化。比如，虽然近代以来的西方历史充满了宗教迫害，但在当代西方社会中，宗教宽容已经为人们所普遍接受。又如，虽然奴隶制在

① 约翰·罗尔斯．政治自由主义［M］．万俊人，译．增订版．南京：译林出版社，2011：9.

② 约翰·罗尔斯．政治自由主义［M］．万俊人，译．增订版．南京：译林出版社，2011：3.

③ 约翰·罗尔斯．政治自由主义［M］．万俊人，译．增订版．南京：译林出版社，2011：9-10.

美国历史上曾经引发过内战，但它在今天也已被作为天然不公平的东西予以摒弃；即便奴隶制的一些后果可能还残存于各种社会政策和不公开表现出来的态度中，但再也不会有人理直气壮地为之辩护。罗尔斯承认，这些确信都还是一些临时固定的观点，而任何合理的概念都必须从公共文化着手对之加以解释。“这些公共文化是人们隐隐约约意识到的基本理念和原则的共同积累。我们希望能足够清晰地系统阐明这些理念和原则，以使它们能够结合成一种适宜我们最确信的政治正义观念。”① 把诸如信仰宗教宽容和反对奴隶制这样一些已定的确信汇集起来，并将隐含在这些确信中的基本理念和原则组成一种连贯的政治正义观念，而得到的这样一种政治的正义观念，作为一种可为人们接受的观念，必须在“反思平衡”中，在所有普遍性层次上，符合我们所考察的那些确认。政治的正义观念就是这样建构起来的。

罗尔斯主张作为一种独立观点的政治的正义观念应该中立于任何完备性学说，但这种观念是否真的能够摆脱完备性学说的影响呢？在谈论教育政策的时候，罗尔斯曾经讨论过国家要不要干预那些向其成员灌输某种完备性学说的社团的问题。国家是否应该对教育提出某些要求，并且约束这类特殊的社团的行为呢？康德或密尔的自由主义主张国家应该对教育提出要求，以便在公民中间培养自律和个体性的价值。但罗尔斯认为，政治自由主义的要求要少得多。罗尔斯指出，对儿童的教育只应包括诸如有关他们的宪法权利和市民权利之类的知识，从而使他们知道良心自由是存在的，不信仰宗教也不是一种法律上的犯罪。“而且，他们的教育也应该为他们准备条件，使之成为充分参与合作的社会成员，并使他们能够具有自立的能力；它也鼓励这种政治美德，以使他们在其

① 约翰·罗尔斯．政治自由主义［M］．万俊人，译．增订版．南京：译林出版社，2011：7-8.

与社会其他成员的关系中尊重公平的社会合作条款。”[1] 但这确实也就意味着，政治自由主义主张国家应对某些价值（它们都属于公共领域的政治价值），比如说个人的自主性，进行反复灌输。

政治的正义观念本身就是一种道德的观念，它支持某些特定的价值，而这些价值与康德和密尔的完备性自由主义所提倡的价值之间具有显著的相似性，罗尔斯并不打算否认这一点。在有的批评者看来，因为提倡自主这样的价值，政治自由主义并不能真正摆脱对完备性学说的依赖。罗尔斯认为，回答这种指责的唯一方式“是从范围和一般性两个方面，仔细阐明政治自由主义与完备性自由主义之间的重大差别”[2]。罗尔斯并不否认，在历史上，一些完备性的道德学说，如康德和密尔的道德学说，一起塑造了自由民主社会的公共文化——这种公共文化正是政治自由主义所阐释的诸多理念的来源。重视自由民主社会的公共文化实际上构成了政治的正义观念的一个基本特征。罗尔斯一再强调，政治的正义观念的内容是借助某些基本理念得到表达的，这些基本理念被看作隐含在自由民主社会的公共文化之中。“此种公共文化由一立宪政体的各种政治制度及其解释的公共传统（包括那些司法解释传统）、以及作为共同知识的历史文本和文献所组成。”[3] 与公共文化相对的是市民社会中的“背景文化”，罗尔斯称它们为社会文化，而不是政治文化。罗尔斯指出，在自由民主社会里，存在着一种其内容至少被公民的教养常识所涵盖的民主思想传统，它构成了公民理解和评判社会基本结构时

① 约翰·罗尔斯．政治自由主义［M］．万俊人，译．增订版．南京：译林出版社，2011：184.
② 约翰·罗尔斯．政治自由主义［M］．万俊人，译．增订版．南京：译林出版社，2011：185.
③ 约翰·罗尔斯．政治自由主义［M］．万俊人，译．增订版．南京：译林出版社，2011：12.

可以诉诸的思想和理论资源。

政治自由主义重视公共文化，但并不排斥道德哲学。它对近代道德哲学的一般问题的态度是回避，而不是拒绝。政治自由主义有它自己的主旨问题，道德哲学的一般问题并不是它所关心的，除非这些问题影响到背景文化及其完备性学说对立宪民主政体的支持方式。罗尔斯实际上非常重视宗教改革后对西方社会造成了巨大影响的道德哲学传统及其塑造的那些价值。在《政治自由主义》的导论中，罗尔斯还特别提到了休谟和康德的道德哲学，认为它们是两种最具代表性的现代道德哲学。但他指出，考虑到立宪民主政体的政治的正义观念，政治自由主义认肯由这些现代道德哲学塑造的价值中的某个方面，如将道德知识视为每一个拥有正常理性和良知的人都可以获得的。诸如道德知识是来自上帝的启示，还是每一个拥有正常理性和良知的人都可以获得的这样的问题，罗尔斯承认："在这些基本的情形中认肯那些选择性的答案，乃是政治建构主义的一部分。"① 但是，鉴于政治自由主义自身要回答的问题的特殊性，它没有必要介入对这些问题的讨论。

在罗尔斯看来，政治自由主义不同于启蒙的计划，它并不接受启蒙计划所设定的目标。在资产阶级启蒙时代，面对支配性的宗教权威和基督教时代的宗教信仰，启蒙运动的思想家们试图完全依靠理性来建立起能够取代盲目宗教信仰的完备性的世俗哲学学说。罗尔斯认为这种启蒙的计划已经不适合于当代西方的自由民主社会。政治自由主义无意去寻找一套世俗的、以人性（人的理性或情感）为根据的完备性学说，来说明各种（知识的、道德的、法律的）规范的正当权威。更具体地说，政治自由主义并不认为在自由民主社会里，依靠人类理性建立的各种完

① 约翰·罗尔斯．政治自由主义［M］．万俊人，译．增订版．南京：译林出版社，2011：导论 14.

备性学说可以作为公共证明（public justification）的基础。“政治自由主义的问题是，为合乎理性的学说之多元性——这永远是自由民主政体的文化特征——可能认可的立宪民主政体，制定一种政治的正义观念。”① 立宪民主政体下的公民可以依靠这种政治的正义观念来作为解决宪法根本和基本正义问题的共同基础。政治自由主义的抱负是有限的，它并不想取代各种完备性学说，也不是要给它们提供一种真实的基础。但它有意与宗教的和非宗教的完备性学说保持区别，并且希望这些完备性学说都能接受它。

罗尔斯希望作为一种独立观点的政治的正义观念能够成为各种完备性学说的重叠共识（overlapping consensus）。与《正义论》中的观点不同，在后期罗尔斯那里，重叠共识是建立在一种关于道德心理学和对公平正义规范的秩序良好的社会中个人间互动的设想之上的。罗尔斯把它视为“一种明智的猜想”（an educated conjecture）。罗尔斯的假设是：在公平正义规范的秩序良好的社会中，各种合理的完备性学说都会根据其自身的理由来确认独立的公共正义观念；并且不合理的完备性学说（包括那些不理性的、疯狂的和侵略性的观点）将不会拥有足够的追随者以至于破坏一种正义方案的稳定性。在《政治自由主义》中，罗尔斯提出，重叠共识可能产生并且保持稳定需要经过两个阶段：在第一个阶段产生一种宪法共识，在第二个阶段才产生一种重叠共识。

第一个阶段的宪法共识满足了政治正义的某些自由原则，但是宪法共识还谈不上深刻，作为一种宪法共识，这些原则仅仅作为原则而为人们所接受，而不是作为以政治的社会和个人的理念为根据的原则，更不是作为一种共享的公共观念为人们所接受。除了不够深刻，宪法共识也

---

① 约翰·罗尔斯．政治自由主义［M］．万俊人，译．增订版．南京：译林出版社，2011：导论 5.

不广泛，它的范围狭窄，只包括民主政府的政治程序，而未包括整个的基本结构。第二个阶段形成的重叠共识在深度和广度上都超过了宪法共识。“一种重叠共识的深度，要求其所达成共识的政治原则和政治理想必须建立在一种政治的正义原则之基础上，该政治的正义原则适用于公平正义所阐释的那种社会理念和个人理念。而其广度则超出了那些将民主程序制度化的政治原则，进一步包括那些涵盖着作为整体之基本结构的原则。因此，它的原则也确立了某些诸如良心自由、思想自由以及机会均等和包括某些根本需要的原则的实质性权利。”① 通过设想产生重叠共识的两个阶段，罗尔斯勾勒了一种自由的正义观念，最初作为一种默许的临时协定，如何随着时间的变化，先变成宪法共识，再变成重叠共识。

值得特别注意的是，在罗尔斯看来，第二个阶段的重叠共识最后之所以可能，还有非常关键的一点，那就是第一个阶段的宪法共识是比较容易形成的。罗尔斯讲，在形成宪法共识的阶段，“我们的各种完备性观点的某些不严格性，以及它们尚未达致充分完备的状态可能具有特殊的意义”②。这使得作为政治观念的自由主义正义原则能够以多种形式与完备性学说相适合。在现实生活中，又有多少人真正是出于完备性的学说（比如说对上帝的信仰或者康德、密尔的道德哲学）来认可正义原则的呢？多数人在认可宪法中所体现的正义原则的时候，可能根本没有意识到正义与他们的观点之间存在着任何特殊的联系。他们逐渐领会了正义原则为他们自己和他们关心的人带来的益处，即便以后他们认识到了两种观点之间的不一致，也很可能会调整或修正其完备性的观点，

① 约翰·罗尔斯．政治自由主义［M］．万俊人，译．增订版．南京：译林出版社，2011：152.

② 约翰·罗尔斯．政治自由主义［M］．万俊人，译．增订版．南京：译林出版社，2011：148.

与正义保持一致，而不是拒绝正义。

除了对产生重叠共识的过程的历时性（两个阶段的）分析，罗尔斯还列举了西方民主传统中的几种重要的道德观念，指出它们都能够在其自身理由和思想资源的基础上来认可和接受政治的正义观念，而且在这一过程中并不存在任何策略主义的妥协（罗尔斯称策略主义的妥协为“临时协定”，而重叠共识是一种“原则协定”）。康德的道德哲学及其自律思想会从其观点内部推导出这种政治观念；功利主义也会出于以下的理由支持该政治观念，诸如人们对社会制度有限的了解，必须面对不断发展的环境，以及原则的简明性要求等；而价值多元主义则原本就认为政治领域的价值应该有其独立的解释。也许还存在其他可能的道德观念，但罗尔斯认为这三种道德观念足以说明完备性观点与政治观念之间的可能关系。再加上世界历史中的宗教学说大多接受自由信仰的原则（因而是合理的），它们也能够依据其内部的理由来认可和接受政治的正义观念，或者至少不去反对它。

于是，在重叠共识的理念中，罗尔斯就得到了一种不同于《正义论》第三部分的一致性论证，即“一种公共的和非公共的理由和观点的一致性论证”①。独立的政治正义观念从公共的观点来看是合理的，并以一种普遍的和公共可证明的方式建立在共享的民主观念基础之上。但它同时也以非公共证明的方式，被许多完备性的观点当成是合理的和真实的。这是因为公共的正义观念能够从所有合理完备的视角出发被视为合理的或者真实的，但又不要求这些非政治的价值做出妥协。如此一来，对公共可证明的正义观念就有了一种重叠共识。

即便罗尔斯关于重叠共识是“一种明智的猜想”的想法基本成立，

① FREEMAN S. Justice and the Social Contract: Essays on Rawlsian Political Philosophy [M]. Oxford: Oxford University Press, 2007: 192.

还存在着如何持之以恒地践行正义的问题。即便在秩序良好的社会中，所有人都拥有有效的正义感和按照由公平正义所规定的、正义的法律和制度行事的愿望，还有什么能够保证当正义与人们在其完备性观点的内部所认可的其他价值相冲突时，不会被迫做出让步。这里涉及的是正义的优先性问题——这种优先性并不要求它成为个人生活的唯一内容。在解决这个问题时，罗尔斯不能再诉诸作为一种内在道德上的善的正义，尤其是其（作为至高的善所拥有的）最高的规范地位。因为正义能够成为秩序良好的社会中的每个人内在道德上的善的观念，已经随着康德式的一致性论证一道被抛弃了。

罗尔斯承认，对于某些人，确实很难指望他们将自己非政治的目的置于正义之下。然而，在民主政治的条件下，以下三个因素还是能够保证政治价值在个人信念中占有优先的地位。

第一，在政治的正义观念和公民自己完备性观点的内部所认可的那些价值之间，人们被要求做出二选一的决定的情形并不常见，这样就不会破坏秩序良好的社会的稳定性。与古希腊城邦时代相比，在现代自由民主社会中，政治生活的重要性已经明显降低，参与政治生活不再是价值的主要（甚至唯一）来源。在法治状态下，公民可以把大量的精力投入自己的事业上，他们的抱负可以更多地在市场中或者私人领域内得到施展。与西方社会中的这一事实相适应，公平正义对各种合理的完备性观点施加的是最小的限制，自由民主社会中的公民拥有良心自由以及其他基本自由，每个人都能够自由地认可、追求和实现他们不同的合理的善的观念。

第二，许多合理的完备性学说同样关注个人基本权利。罗尔斯讲："对于许多合乎理性的学说来说，许多政治的和非政治的价值也会在其内部得到表达和规范。”① 在西方文化传统的内部，这一点是显而易见的，因为西方政治传统本身是在西方文化发展的历史长河中孕育的。甚至在非西方的文化传统中，也可能包含着某些现代政治价值的胚胎。例如，中国古代的道家思想便在某种程度上支持个人自主。还有的学者考证，麦加时代的伊斯兰教义也对男女平等和信仰自由持支持的态度。此外，人们还不难发现，世界上几乎没有哪种宗教会否认正义的价值，只是对正义可能会存在不同的理解。倘若我们承认，政治价值已经在许多合理的完备性学说内部得到了某种程度的表达，那么我们就完全可以期待，对一个公正而持久的立宪政府的忠诚，会在这些合理的完备性学说内部赢得突出的地位。

第三，在自由民主社会公共文化的影响下成长起来的人们已经受到了政治正义观念的教育。他们能够意识到，正义和宽容对他们成功地追求其完备性的观点而言是有益的。他们受到公共文化的鼓励，能够尊重他人的基本权利并坚持正义；而且他们也受到履行公民义务（the duty of civility）的教育，能够提出公共可接受的理由来为会对其他人造成影响的行为提供正当性证明。在个人善的观念与公共正义观念相冲突的时候，这样的政治文化自身就拥有减轻个人偏离正义的可能性的力量。此外，由于公民拥有言论自由，他们便能够自由地对社会基本结构提出批评。他们将在这种自由的批评活动中，学会公共生活的技巧，熟悉政治生活中的问题（如权力的分配等），理解政治秩序的合法性根据，并通过法律使他们基本的道德能力得到确认和明确的规定。在这样的政治秩序下，公民的文明举止会更加普遍，公民之间公平、忠诚、相互尊重和博爱的美德也会日益巩固。在罗尔斯看来，这些都是可以期待的。

① 约翰·罗尔斯．政治自由主义［M］．万俊人，译．增订版．南京：译林出版社，2011：364.

除了一些积极的因素外，保证政治价值在个人信念中占有优先的地位，还要求秩序良好的社会中的那些不合理的完备性学说将不会赢得足够的支持者以至于破坏稳定。罗尔斯指出，民主社会存在着三种主要的冲突：第一种是公民间互不相容的完备性学说导致的冲突；第二种是他们不同的社会身份、阶级地位和职业所导致的冲突，或他们不同的种姓、性别和民族导致的冲突；第三种是由判断的负担（burdens of judgment）所导致的冲突。罗尔斯认为立宪民主政体中的公共正义原则能够调和第二种冲突，并在很大程度上消除这类冲突发生的根源（由于它满足了相互性的标准）。对于由判断的负担所导致的冲突，政治自由主义则无能为力，这些冲突会一直存在，并限制着公民可能达成一致的性质和程度。最后，“政治自由主义能够缓和但无法消除第一种冲突，因为从政治上讲，各种完备性学说是不能相互调和一致的。”① 对于不合理的完备性学说，政治自由主义的态度与其说是试图调和它们，不如说是试图包容它们。这就重申了罗尔斯这样的一个观点，即政治的正义原则并不是各种既定的、本质上相互冲突的利益和欲望之间的一种妥协。它并不是一种临时协定，而是一种政治的观念，它从一开始就是从独立于特殊利益和欲望的、民主的自我意识和信念中发展起来的，并被展现为对自由和平等的道德个人之自我观念以及一个秩序良好的社会之理念的表达。只有这样，政治自由主义才能表明正义是如何与人们的善相容的。

罗尔斯承认，某些非理性的、疯狂的和侵略性的观点将会被排斥在重叠共识之外。罗尔斯预见到，即便在最理想的情况下，不宽容、偏执和侵略性的行为也可能会发生。一个秩序良好的社会并不是一个乌托

---

① 约翰·罗尔斯．政治自由主义［M］．万俊人，译．增订版．南京：译林出版社，2011：平装本导论 43.

邦，在那里，一切非理性和不合理的观点都消失了。然而，根据罗尔斯的推测，在秩序良好的理想社会里，那些被排斥的观点受到社会和政治条件的怂恿，比如政治文化缺乏宽容性、贫困和失业、缺少公平的机会等，挑战正义秩序的可能性被大大地降低了。虽然最终某些不合理的学说会被排斥在重叠共识之外，但由于在没有基于合理性明确的充分根据的情况下，政治自由主义事先并不对任何完备性学说加以排斥，这就为此类学说接受政治正义的观念创造了条件，即使这种接受最初可能会是十分勉强的。

那么罗尔斯的推测是不是成立的呢？政治自由主义是否真的能够实现对共同体主义（当然它只可能是一种更加狭隘的共同体主义，换言之，自由主义能够容忍的只是一些小规模的共同体）的包容呢？我们不妨设想一下这样的情境：在一个社会中的确存在着那些不认为自己的善观念可以修正的群体，他们认为他们的生活方式是确定无疑的。但他们并不试图支配其他群体，只是想维持自身的独特生活方式。按照罗尔斯的理解，这样的非自由主义的群体所信奉的善观念有可能是不够合理的，但并非不能被宽容。

后期罗尔斯区分了完备性的（综合性的）自由主义（comprehensive liberalism）和政治自由主义（political liberalism）。基于自主的完备性的（综合性的）自由主义主张个人自主是所有制度和实践的基础，因而无法容忍上述情形中的群体的存在。但是，基于宽容的政治自由主义在政治生活中确定权利时肯定个人自主，但在非政治的生活中，则宽容那些不认为其善观念可以修正的群体。它似乎可以容忍这种群体的存在。但问题是，非自由主义群体内部对于人们自由的限制并非政治自由主义真正可以容忍的，反过来讲，政治自由主义也未必对这样的群体具有吸引力。正如金里卡所指出的那样：“自由主义者与社群主义者都同意，有必要阻止国家把某一种生活方式强加于多元社会中的个人，因此也同意每个宗教群体都有权追求自己的宗教仪式和活动。但是，他们无法达成共识的是，是否每个群体内部的个人享有质疑和修正宗教仪式和活动的自由——譬如，从事异端、改宗和叛教活动的自由。他们无法就这些更进一步的自由的价值形成交叠共识（重叠共识）。”①

首先，非自由主义群体内部对于人们自由的限制并非政治自由主义真正可以容忍的。对罗尔斯而言，产生重叠共识的主体是自由和平等的公民，这样的公民具有形成、修正和追求某种善观念的道德能力，这当然也就意味着要捍卫他们的良心自由。但非自由主义群体并不支持自由主义的良心自由。即便如此，罗尔斯仍然乐观地认为，非自由主义群体应当可以接受个人良心自由的原则以及与之相关的形成和修正善观念的道德能力。这一方面是因为只有接受个人良心自由的原则，相对弱小的非自由主义群体才能免受其他占优势的群体的迫害；另一方面是因为与个人良心自由的原则相关的公民道德能力的理想，只是关于人的政治观念，采纳这种观念只是为了确定人们的公共权利和责任。关于人的政治观念不应该被当作对自我与其目的之关系的一般解释，不适合于生活的一切领域，也不能被当作对人们最深刻的自我理解的准确描述。正如金里卡所指出的：“罗尔斯允许一些人在私人生活中把自己的宗教信仰当作不可修正的。他只是要求人们在政治领域忽略这类‘构成性’目的的可能存在。”② 然而问题是，人们的公共身份与非公共身份之间许多时候是很难截然分开的。除非人们能够对自己的非公共身份以及由这种身份所派生的那些善观念采取自我限制的态度，否则罗尔斯的期望就会

---

① 威尔·金里卡. 当代政治哲学［M］. 刘莘，译. 上海：上海译文出版社，2011：248.

② 威尔·金里卡. 当代政治哲学［M］. 刘莘，译. 上海：上海译文出版社，2011：250.

落空。

其次，政治自由主义也未必对非自由主义群体具有吸引力。这在很大程度上是因为公共领域与私人领域之间并不是泾渭分明的。金里卡讲："就算把理性的可修正性当作纯粹的政治观念，它也必然会'侵袭'到私人生活，而这就会让社群主义的群体（非自由主义群体）付出沉重的代价。"① 如前所述，政治自由主义主张国家应对某些价值——这些价值通常表现为一组公民权利——进行反复灌输。比如，对儿童的教育应该包括有关他们的宪法权利和市民权利之类的知识，从而使他们知道良心自由是存在的，不信仰宗教也不是一种法律上的犯罪；还应该为他们准备条件，使之成为充分参与合作的社会成员，并使他们能够具有自我支撑的能力；而且，它也鼓励这种政治美德，以使他们在其与社会其他成员的关系中尊重公平的社会合作条款。更为重要的是，政治自由主义还支持国家采取积极行动，比如说，通过资源的再分配来确保这样的教育能够得到正常的实施，通过公力救济来确保公民的权利能够得到有效的保障。政治自由主义允许非自由主义群体在私人领域限制其群体成员的自由，但是这些群体不能使他们的成员免于接受公共的教育，而且一旦这些群体的成员提出自由的要求（这是他们在公共领域中或者说作为公民的权利），自由主义的国家就会支持这种诉求，并为实施他们的权利提供保障。政治自由主义如此要求非自由主义群体对自己非公共身份以及由这种身份所派生的那些善观念采取自我限制的态度，这可能最终会威胁到这些群体的生存。

我们最后来对本章的内容做一个小结。共同体主义在当代的对手主要是各种自由主义，共同体主义者对自由主义者的批评主要集中在两个

① 威尔·金里卡．当代政治哲学［M］．刘莘，译．上海：上海译文出版社，2011：251.

方面，即对自由主义普遍主义的正义的批评，以及对自由主义的个人主义的批评。共同体主义者构想了超越自由主义的普遍主义正义和自由主义的个人主义的理想，而与此同时，自由主义自身也出现了某种程度的共同体主义化。虽然自由主义者接受了共同体主义者提出的某些观点，但是自由主义者并没有在一些核心原则（比如个人自主）上做出让步，自由主义者对共同体主义者的批评的接纳仍然是有限的。虽然在共同体主义者与自由主义者的争论中，看起来谁都没有成为最终的胜利者，但是在这个过程中获益的是政治哲学，因为两者的争论促进了当代英美政治哲学的繁荣。

结　语

一部题名为《当代政治哲学基础》(*A Primer in Contemporary Political Philosophy*)的著作，顾名思义，我们就能够知道它是一本当代政治哲学的入门读物。在我们看来，入门并不意味着只讲简单的东西，入门类型的著作也有必要深入地发掘那些十分重要的政治哲学理论的内在逻辑，尽力避免在讨论问题时浅尝辄止或者不得要领。作为一本入门读物，本书讨论的都是一些发展得比较成熟的政治哲学理论流派，即20世纪70年代以来在英语系国家已经赢得广泛关注的四种政治哲学理论，它们分别是自由平等主义、自由至上主义、规范的马克思主义和共同体主义。近期的政治哲学辩论，可以说，都是在它们的基础之上发展起来的；或者说，即便所持的观点和立场与之迥异，也或多或少受到了它们的启发。而近期出现的政治哲学论题，也大多是对它们曾经关注过的那些论题的充实、细化，或者拓展、延伸。通过介绍这四种在当代英美等国长期流行的基础性的政治哲学理论，本书期望能够对那些对政治哲学感兴趣的读者有所启发，为他们参与更加深入、更加前沿、更加具有实践指导意义的政治哲学辩论打下良好的基础。

政治哲学的命运有起有伏，其发展并不是一帆风顺的，但政治哲学背后的传统却源远流长，并且生生不息，具有非常强大的韧性。政治哲学代表了一种理性主义的传统，正如美国政治学家乔治·霍兰·萨拜因

(George Holland Sabine) 在他的《政治学说史》中所说的:"政治学说就是人类为有意识地去理解和解决集体生活和集体组织的种种难题而做的尝试。因此,政治学说是一种理性的传统,它的历史是由人们对政治问题的想法随着时代而演变构成的。"① 萨拜因关于政治学说的这一段论述当然也同样适用于政治哲学——政治哲学本来就是政治学说的一部分。政治哲学的理性主义的传统把每一个人都视为有理性的,即能够自觉接受道德规范约束的,因而也是值得受到尊重的人。就像康德所说的,要把人当作目的,而不仅仅当作工具。

根据这种理性主义的传统,政治哲学的任务不单是要提出政治生活中的规范原则,更是要揭示这些原则在理论和实践上的正当性、可行性以及使之转化为行为动机的心理基础。然而,事实上,将规范原则转化为行为动机并不一定需要证明这些原则在理论和实践上的正当性、可行性,通过反复灌输和情感渲染也能够起到同样的效果。在真实世界中,道德行为的心理基础不一定需要通过理性的辩论(论证)来奠定。古希腊哲学家亚里士多德(Aristotle)早在2000多年前就已经提出,说服的技巧主要有三种:一是诉诸情感,二是诉诸权威,三是诉诸逻辑。诉诸情感是通过引起情感共鸣的方式来达到说服的目的,诉诸权威是通过引用权威的观点来增加自己言论的可信度,诉诸逻辑是指利用周密的逻辑推理来达到说服他人的目的。政治哲学的说服依靠的正是诉诸逻辑的技巧。然而,三种说服技巧中,对普通人来说,诉诸逻辑的说服在效果上要远低于前两者。究其原因,主要是因为该技巧对被说服对象有一定要求——他们必须不是情绪化的,而是能够讲逻辑的和进行自我反思的。

在现实政治生活中,在更多的时候,说服普通人依靠的是诉诸情感

---

① 乔治·霍兰·萨拜因. 政治学说史 [M]. 盛葵阳,崔妙因,译. 北京:商务印书馆,1986:2-3.

或诉诸权威。既然如此，为什么还要推崇诉诸逻辑的说服技巧呢？或者换一种说法，就是政治哲学有什么用呢？有一种比较可靠的回答是：学习逻辑不是为了说服他人，而是为了防止自己轻易地被他人说服。尤其是在政治生活中，如果民众轻易地就会被他人说服，那么这也意味着他们很容易被别有用心的人蛊惑，被这样的人牵着鼻子走，结果不但容易丧失自己的理想信念，甚至还有可能在群体性的迷狂中造成非常严重的政治后果。此外，坚持通过理性的辩护（论证）来寻求政治生活中规范性的原则的正当性根据，进而使之转化为行为动机，并为之打下坚实的心理基础，还涉及对政治哲学所代表的那种理性主义的政治传统的传承和创新，涉及对这一传统在历史中积淀起来的一系列洞见的借鉴和运用。

政治哲学（尤其是自由主义的政治哲学理论）往往表现出一种理性主义的乐观精神，即相信人类社会政治状况可以得到不断地改善，相信理性说理最终能够战胜迷信和盲从。政治哲学的理性主义传统倾向于把政治主体视为有理性的，它要通过政治主体的理性说理来规范政治生活中的权力意志，尤其注重对国家权力的约束。这种企图单纯以理性之力去挑战霍布斯笔下“利维坦”那样的庞然大物的精神，使得政治哲学往往成为“理想主义”的代名词。然而，政治哲学的理性主义企图并不是一种浪漫主义的“挑战风车”的妄念；政治哲学中的“理想主义”不应该是堂吉诃德式的理想主义，或者说，天方夜谭式的理想主义，不切实际的理想主义。

政治哲学主要使用规范的研究方法，它重点关注的是“应该是什么”而不是“实际上（或者说现实）是什么”，但政治哲学关注的“应该”同时也要意味着“可能”。也就是说，政治哲学讨论的应然性的规范和价值应该具有可能性或者可行性。罗尔斯就指出：“我们把政治哲学视为现实主义的乌托邦，即探索可行的政治可能性的界限。我们对未来社会所怀抱的希望依赖于这种信仰，即这个社会至少存在着一种像样的政治秩序，以致一种理性的、正义的（虽然还不完美的）民主政体有可能存在。"① 而他关注的正是这种理想政体中所包含的应然性规范和原则。

罗尔斯承认，关于如何辨明可行性（the practicable）的界限，关于我们社会的环境究竟是什么样的，这些都不是可以抽象地加以回答的问题。但他强调："可能性（the possible）的界限不是由现实决定的，因为我们能够在或大或小的程度上改变政治制度、社会制度以及许多其他的东西。"② 事实上，共同体主义者对自由主义者的许多批评，都是质疑自由主义信念的可能性，而非直接用"现实"来否定"应然性的规范和价值"。比如，贝尔质疑自由主义自主决定（或者说自主选择）的理由是基于"社群的隐蔽的手，可以比喻说就是社会惯例，通常决定我们多数人做什么，而我们从来都觉察不到"③。归根到底，是基于这个观念在现实中的不可行性。由于事实与规范之间无法相互否定，所以对某种"应然性的规范和价值"，可以怀疑的只有其诉求的直觉确信，能够驳斥的只能是其论证的逻辑。不过，即便在这两个方面都是站得住脚的，如果该种"应然性的规范和价值"缺乏可行性，那么其理论上的吸引力就会大打折扣，其可靠性也将受到极大的损害。

政治哲学具有强烈的现实关切。德沃金就专门强调过政治哲学与实践论争的相互依存关系，他相信政治哲学的根本意义在于反映现实政治。但是另一方面，他又否认政治哲学家应当避免理论的复杂性，认为

---

① 约翰·罗尔斯．作为公平的正义：正义新论［M］．姚大志，译．上海：上海三联书店，2002：7-8.

② 约翰·罗尔斯．作为公平的正义：正义新论［M］．姚大志，译．上海：上海三联书店，2002：8.

③ 丹尼尔·贝尔．社群主义及其批评者［M］．李琨，译．北京：生活·读书·新知三联书店，2002：11.

只有在哲学的抽象领域里，才有可能找到令人满意的合理答案。[①] 有时候，对普通公众而言，政治哲学可能显得有一些曲高和寡、远离现实，但限制政治哲学对现实的影响的，绝不是它不关心现实，而是由于其内容过于抽象，使得它的主张不太容易立刻被普通公众所理解。经过反复的阐释和深入的解读，抽象的理论最终能够缓缓地渗透进大众的观念世界。但是，如果政治哲学的论证过于精致和烦琐，尤其是在一些细节问题上争论不休——这是分析的政治哲学容易陷入的困境，这就肯定会限制它对现实的影响，并可能降低它对人们的吸引力。

随着活跃于英美政治哲学领域的那些政治哲学明星们的纷纷离世，当今的西方政治哲学似乎已经告别了群星闪耀的时代。未来，政治哲学会走向何方呢？我们发现，当前西方政治哲学的发展日益呈现出两个新的趋势：一个趋势可以称作向外的扩展，即研究的视野从单个民族国家扩展至全球，全球正义（global justice）成为一个热门话题；另一个趋势则是向内的延伸，即研究的主题从抽象的理论争论延伸至具体政策背后的价值根据，政治哲学出现了与政策科学、社会学合作的新情况。

大约从 20 世纪 90 年代开始，政治哲学就致力于从上述两个方向拓展自己的理论空间。进入 21 世纪，政治哲学在两个方向上已经取得了蔚为可观的成果。第一个方向是将理论视野拓展至全球，出现了讨论全球正义的热潮。全球正义是对现实主义国际政治理论的一种反思和批判，它力图把近代以来确立的现代政治和道德的基本原则运用到全球社会，从而推动全人类社会道德和文明的进步。1993 年，罗尔斯以他的牛津大赦演讲为基础发表了讨论万民法的论文。1999 年，罗尔斯又把之前的论文扩充为《万民法》一书出版。在该书中，罗尔斯指出万民

① 罗纳德·德沃金．至上的美德：平等的理论与实践［M］．冯克利，译．南京：江苏人民出版社，2003：导论 4-5.

法的论证基础是次级原状状态的设定，万民法的应用范围是自由和正派的人民组成的世界社会，此外，他还提出了明确的万民法诸原则。同样是在1999年，查尔斯·贝兹（Charles Beitz）再版了他的《政治理论与国际关系》，该书初版于1979年，贝兹在该书中阐发了世界主义的规范国际政治理论。贝兹与罗尔斯的学生涛慕思·博格（Thomas Pogge）一道推进了全球正义研究，并吸引了更多的政治哲学家围绕全球正义展开进一步的论战，使得全球正义成了英美政治哲学研究的一个新的热点。加入全球正义论战的，不仅包括自由主义者，还包括马克思主义者、共同体主义者、保守主义者、女权主义者等，他们的争辩主题包括国家秩序的基础、国际机构的设置、全球共同安全、全球分配正义、人道主义干预等。他们的理论争论不仅丰富了全球正义研究的范式，而且拓展了人们关于全球正义的理性认知。不过，虽然这些学者采用了不同的分析视角，但是他们的理论视野总体上仍未能够突破罗尔斯正义理论的基本框架。此外，由于当前的国际社会仍然处于一种无政府状态，关于全球正义的政治哲学争论不可避免地会有一定程度的理想化、不切实际的缺点。

另一个方向是某些政治哲学家为了克服自己的理论过于抽象、精致、烦琐的缺点，有意识地将政治哲学的理论研究与现实的公共政策实践相结合，出现了规范的理论研究与具体社会问题和政策研究融合发展的趋势。在讨论共同体主义时，我们就曾提到过，迈克尔·沃尔泽不喜欢进行抽象的理论讨论，而是倾向于将其对正义的讨论与社会政策联系起来。进入21世纪，在政治哲学领域，规范的理论研究与具体社会问题和政策研究两相融合的发展趋势更加明显了。比如，英国政治哲学家乔纳森·沃尔夫与以色列社会学家艾维纳·德夏里特（Avner De-Shalit）合著的《劣势》（*Disadvantage*）一书，便是试图实现这种融合的一个典范。两位作者在这本书中，集哲学理论分析和丰富的实证研究之长（这原本是两个人各自擅长的研究），采用世界上多个国家或地区的案例，使用多元主义的视角来审视现实生活中的各种劣势，并在此基础上探寻消解这些劣势的途径。另外，沃尔夫本人还出版过另外一部著作《伦理学与公共政策：一个哲学的探索》。在该书中，虽然作者承认公共政策是一个充满价值争论的领域，但是却相信哲学能够帮助人们更好地做出决定。正是出于这种理解，该书围绕公共政策多个主题（如医药政策、博彩政策、卫生保健政策、失能人员扶持政策、安全保障政策等）进行了深入的哲学分析（每一章都包括一个专门的主题，并且以提供一段“哲学的启示”作为结束语）。沃尔夫的这部作品以及其他作者的类似著作——这类著作通常冠名“伦理学与公共政策”（ethics and public policy）或者“伦理学与某项具体的公共政策”，它们的数量即便做最保守的估计也是非常可观的——都属于为了将哲学理论与政策实践结合起来而做出的积极尝试。值得肯定的是，这种结合确实成了强化政治哲学实践功能的一条出路，并且成功地延续了人们对政治哲学的兴趣。不过，它也可能会在一定程度上以损伤政治哲学的理论化水准和体系化抱负为代价。

参考文献

1. 中文著作

[1] 周保松．自由人的平等政治［M］．增订版．北京：生活·读书·新知三联书店，2013.

[2] 杰克·普拉诺，等．政治学分析辞典［M］．胡杰，译．北京：中国社会科学出版社，1996.

[3] 浦兴祖．西方政治学说史［M］．上海：复旦大学出版社，1999.

[4] 亚当·斯威夫特．政治哲学导论［M］．佘江涛，译．南京：江苏人民出版社，2006.

[5] 乔纳森·沃尔夫．政治哲学导论［M］．王涛，赵荣华，译．长春：吉林出版集团有限责任公司，2009.

[6]《西方政治思想史》编写组．西方政治思想史［M］．第二版．北京：高等教育出版社，人民出版社，2019.

[7] GILBERT N，TERRELL P．社会福利政策引论［M］．沈黎，译．上海：华东理工大学出版社，2013.

[8] 徐大同，等．当代西方政治思潮［M］．第二版．天津：天津人民出版社，2010.

[9] 弗朗西斯·福山．历史的终结及最后之人［M］．黄胜强，许铭原，译．北京：中国社会科学出版社，2008.

[10] 威尔·金里卡．当代政治哲学［M］．刘莘，译．上海：上海译文出版社，2011.

[11] 约翰·罗尔斯．作为公平的正义：正义新论［M］．姚大志，译．上海：上海三联书店，2002.

[12] 约翰·罗尔斯．正义论［M］．修订版．何怀宏，何包钢，廖申白，译．北京：中国社会科学出版社，2009.

[13] 布莱恩·巴里．正义诸理论［M］．孙晓春，曹海军，译．长春：吉林人民出版社，2004.

[14] 乔德兰·库卡塔斯，菲利普·佩迪特．罗尔斯［M］．姚建宗，高申春，译．哈尔滨：黑龙江人民出版社，1999.

[15] 罗纳德·德沃金．至上的美德：平等的理论与实践［M］．冯克利，译．南京：江苏人民出版社，2003.

[16] 罗纳德·德沃金．刺猬的正义［M］．周望，徐宗立，译．北京：中国政法大学出版社，2016.

[17] 董玉荣．资源平等分配的社会正义观研究［M］．镇江：江苏大学出版社，2015.

[18] 高景柱．在平等与责任之间：罗纳德·德沃金平等理论批判［M］．北京：人民出版社，2011.

[19] 高景柱．当代政治哲学视域中的平等理论［M］．天津：天津人民出版社，2015.

[20] 姚大志．平等［M］．北京：中国社会科学出版社，2017.。

[21] 姚大志．当代西方政治哲学［M］．北京：北京大学出版社，2011.

[22] 姚大志．何谓正义：当代西方政治哲学研究［M］．北京：人

民出版社，2007.

［23］布鲁斯·阿克曼．自由国家的社会正义［M］．董玉荣，译．南京：译林出版社，2015.

［24］弗里德里希·奥古斯特·哈耶克．通往奴役之路［M］．王明毅，译．北京：中国社会科学出版社，1997.

［25］诺尔曼·P. 巴利．古典自由主义与自由至上主义［M］．竺乾威，译．上海：上海人民出版社，1998.

［26］罗伯特·诺奇克．无政府、国家和乌托邦［M］．姚大志，译．北京：中国社会科学出版社，2008.

［27］理查德·塔克．自然权利诸理论：起源与发展［M］．杨利敏，朱圣刚，译．长春：吉林出版集团有限责任公司，2014.

［28］乔纳森·沃尔夫．诺齐克［M］．王天成，张颖，译．哈尔滨：黑龙江人民出版社，1999.

［29］罗克全．最小国家的极大值：诺齐克国家观研究［M］．北京：社会科学文献出版，2005.

［30］伊曼努尔·康德．道德形而上学原理［M］．苗力田，译．上海：上海人民出版社，2005.

［31］伊曼努尔·康德．实践理性批判［M］．韩水法，译．北京：商务印书馆，1999.

［32］王亚南．资产阶级古典政治经济学选辑［M］．北京：商务印书馆，1979.

［33］约翰·洛克．政府论：下篇［M］．叶启芳，瞿菊农，译．北京：商务印书馆，2003.

［34］约翰·洛克．论宗教宽容：致友人的一封信［M］．吴云贵，译．北京：商务印书馆，1996.

［35］马克思．资本论［M］．中共中央马克思恩格斯列宁斯大林著

作编译局，译．北京：中国社会科学出版社，1983.

［36］托马斯·霍布斯．利维坦［M］．黎思复，黎廷弼，译．北京：商务印书馆，1997.

［37］李旸．分析的马克思主义的政治哲学转向［M］．重庆：重庆出版集团、重庆出版社，2020.

［38］李慧斌，李义天．马克思与正义理论［M］．北京：中国人民大学出版社，2010.

［39］中共中央马克思恩格斯列宁斯大林著作编译局．马克思恩格斯选集：第2卷［M］．北京：人民出版社，2012.

［40］中共中央马克思恩格斯列宁斯大林著作编译局．马克思恩格斯全集：第25卷［M］．北京：人民出版社，1974.

［41］马克思，恩格斯．共产党宣言［M］．北京：人民出版社，2018.

［42］马克思．哥达纲领批判［M］．中共中央马克思恩格斯列宁斯大林著作编译局，译．北京：人民出版社，2018.

［43］恩格斯．反杜林论［M］．北京：人民出版社，2018.

［44］段忠桥．马克思的分配正义观念［M］．北京：中国人民大学出版社，2018.

［45］休谟．人性论［M］．关文运，译．北京：商务印书馆，2015.

［46］R. G. 佩弗．马克思主义、道德与社会主义［M］．吕梁山，李旸，周洪军，译．北京：高等教育出版社，2010.

［47］罗伯特·韦尔，凯·尼尔森．分析马克思主义新论［M］．鲁克俭，王来金，杨洁，等译．北京：中国人民大学出版社，2002.

［48］王坤．分析马克思主义的剥削理论研究［M］．天津：南开大学出版社，2018.

[49] 艾伦·布坎南. 马克思与正义 [M]. 林进平, 译. 北京: 人民出版社, 2013.

[50] 余文烈. 分析学派的马克思主义 [M]. 重庆: 重庆出版社, 1993.

[51] 戴维·米勒. 社会正义原则 [M]. 应奇, 译. 南京: 江苏人民出版社, 2008.

[52] 马克思. 1844 年经济学哲学手稿 [M]. 中共中央马克思恩格斯列宁斯大林著作编译局, 译. 北京: 人民出版社, 2000.

[53] 杨适. 马克思经济学哲学手稿述评 [M]. 北京: 人民出版社, 1982.

[54] 史蒂文·卢克斯. 马克思主义与道德 [M]. 袁聚录, 译. 北京: 高等教育出版社, 2009.

[55] 南茜·弗雷泽, 阿克塞尔·霍耐特. 再分配, 还是承认? ——一个政治哲学对话 [M]. 周穗明, 译. 上海: 上海人民出版社, 2009.

[56] 艾丽斯·M. 杨. 正义与差异政治 [M]. 李诚予, 刘靖予, 译. 北京: 中国政法大学出版社, 2017.

[57] 艾丽斯·M. 杨. 包容与民主 [M]. 彭斌, 刘明, 译. 南京: 江苏人民出版社, 2013.

[58] 艾伦·梅克辛斯·伍德. 西方政治思想的社会史: 公民到领土 [M]. 曹帅, 译. 南京: 译林出版社, 2019.

[59] 艾伦·梅克辛斯·伍德. 西方政治思想的社会史: 自由与财产 [M]. 曹帅, 译. 南京: 译林出版社, 2019.

[60] 斐迪南·滕尼斯. 共同体与社会: 纯粹社会学的基本概念 [M]. 林荣远, 译. 北京: 商务印书馆, 1999.

[61] 史蒂芬·谬哈尔, 亚当·斯威夫特. 自由主义者与社群主义

者［M］. 孙晓春，译. 长春：吉林人民出版社，2007.

［62］迈克尔·桑德尔. 自由主义与正义的局限［M］. 万俊人，等，译. 南京：译林出版社，2001.

［63］奥诺拉·奥尼尔. 迈向美德与正义：实践推理的建构性解释［M］. 应奇，陈丽微，郭立东，译. 北京：东方出版社，2009.

［64］龚群. 自由主义与社群主义的比较研究［M］. 北京：人民出版社，2014.

［65］俞可平. 权利政治与公益政治［M］. 北京：社会科学文献出版社，2003.

［66］俞可平. 社群主义［M］. 北京：中国社会科学出版社，2005.

［67］俞可平. 政治通鉴：第 2 卷［M］. 北京：中国大百科全书出版社，2021.

［68］姚大志. 正义与善：社群主义研究［M］. 北京：人民出版社，2014.

［69］丹尼尔·贝尔. 社群主义及其批评者［M］. 李琨，译. 北京：生活·读书·新知三联书店，2002.

［70］迈克尔·沃尔泽. 正义诸领域：为多元主义与平等一辩［M］. 褚松燕，译. 南京：译林出版社，2009.

［71］迈克尔·沃尔泽. 阐释和社会批判［M］. 任辉献，段鸣玉，译. 南京：江苏人民出版社，2010.

［72］万俊人. 20 世纪西方伦理学经典（Ⅳ）——伦理学前沿：道德与社会［M］. 北京：中国人民大学出版社，2005.

［73］大卫·米勒，迈克尔·沃尔泽，等. 多元主义、正义和平等［M］. 高建明，译. 南昌：江西人民出版社，2018.

［74］约翰·密尔. 论自由［M］. 许宝骙，译. 北京：商务印书

馆，2005.

[75] 罗伯托·曼戈贝拉·昂格尔．知识与政治［M］．支振锋，译．北京：中国政法大学出版社，2009.

[76] 查尔斯·泰勒．现代性之隐忧［M］．程炼，译．北京：中央编译出版社，2001.

[77] 查尔斯·泰勒．自我的根源：现代认同的形成［M］．韩震，等译．南京：译林出版社，2001.

[78] 阿拉斯戴尔·麦金太尔．追寻美德：道德理论研究［M］．宋继杰，刘东，译．南京：译林出版社，2011.

[79] 袁洪英．当代社群主义自我理论及其价值研究［M］．北京：中国社会科学出版社，2017.

[80] 吴玉军．现代性语境下的认同问题：对社群主义与自由主义论争的一种考察［M］．北京：中国社会科学出版社，2012.

[81] 菲利普·塞尔兹尼克．社群主义的说服力［M］．马进，李清伟，译．上海：上海人民出版社，2009.

[82] 张方华．共同善的镜像叙事：公共利益的西方政治哲学考量［M］．南京：南京师范大学出版社，2016.

[83] 迈克尔·欧克肖特．政治中的理性主义［M］．张汝伦，译．上海：上海译文出版社，2004.

[84] 何霜梅．正义与社群：社群主义对以罗尔斯为首的新自由主义的批判［M］．北京：人民出版社，2009.

[85] 约翰·罗尔斯．政治自由主义［M］．增订版．万俊人，译．南京：译林出版社，2011.

[86] 约翰·罗尔斯．万民法［M］．陈肖生，译．长春：吉林出版集团有限责任公司，2013.

[87] 刘曙辉．西方哲学史上的宽容思想研究［M］．北京：社会科

学文献出版社，2017.

［88］乔治·霍兰·萨拜因．政治学说史［M］．盛葵阳，崔妙因，译．北京：商务印书馆，1986.

［89］亚里士多德．修辞学［M］．罗念生，译．上海：上海三联书店，1991.

［90］涛慕思·博格．康德、罗尔斯与全球正义［M］．徐向东，译．上海：上海译文出版社，2010.

［91］查尔斯·贝兹．政治理论与国际关系［M］．丛占修，译．上海：上海译文出版社，2012.

［92］向青山．谁应该对全球穷人负责：论涛慕思·博格的全球正义理论［M］．北京：中共中央党校出版社，2014.

［93］俞丽霞．全球正义：国家主义与全球平等主义［M］．上海：上海社会科学院出版社，2018.

［94］查尔斯·琼斯．全球正义：捍卫世界主义［M］．李丽丽，译．重庆：重庆出版社，2014.

［95］许纪霖．全球正义与文明对话［M］．南京：江苏人民出版社，2004.

［96］徐向东．当代西方政治哲学读本：全球正义［M］．杭州：浙江大学出版社，2011.

［97］哈维·C. 曼斯菲尔德，乔治·W. 凯利．政治哲学·美国政治思想［M］．朱晓宇，译．杭州：浙江大学出版社，2015.

［98］戴维·米勒．政治哲学与幸福根基［M］．李里峰，译．南京：译林出版社，2008.

［99］王涛．罗尔斯的政治自由主义转向［M］．北京：社会科学文献出版社，2018.

［100］王涛．西方三大政治思潮［M］．北京：光明日报出版

社，2021.

2. **中文期刊**

[1] 刘莘．对罗尔斯宣言的一种解读［J］．四川大学学报，2007（2）．

[2] 周濂．正义第一原则与财产所有权的民主制［J］．中国人民大学学报，2015，29（1）．

[3] 周濂．财产所有的民主制：理论与现实［J］．世界哲学，2016（1）．

[4] 葛四友．评阿内逊的福利机遇平等观［J］．哲学研究，2004（10）．

[5] 王立．论德沃金的平等观［J］．吉林大学社会科学学报，2008（1）．

[6] 刘美玲．德沃金对康德平等思想的继承与超越［J］．求索，2009（4）．

[7] 何怀宏．正义在中国：历史的与现实的——一个初步的思路［J］．公共行政评论，2011，4（1）．

[8] 应奇．当代政治哲学的三足鼎立［J］．国外社会科学，1999（3）．

[9] 姚大志．分析的马克思主义与当代自由主义——罗默的自由主义批判［J］．华中师范大学学报（人文社会科学版），2018，57（1）．

[10] 李旸．自由与平等："分析的马克思主义"对资本主义非正义的两种批判［J］．科学社会主义，2013（1）．

[11] 李佃来．"正义"的思想谱系及其当代构建——从马克思到分析的马克思主义［J］．学术月刊，2012，44（11）．

[12] 王涛．新时代人民美好生活需要的理论意蕴［J］．创新，2018，12（6）．

[13] 段忠桥．分析的马克思主义者的社会主义追求［J］．马克思主义与现实，2022（2）．

[14] 杨赟，高力克．社群主义对自由主义的三大批判［J］．浙江社会科学，2018（3）．

[15] 曹钦．罗尔斯与社群主义：虚构的交锋？［J］．同济大学学报（社会科学版），2017，28（5）．

[16] 范进学．权利是否优先于善——论新自由主义与社群主义理论之争［J］．政法论丛，2016（3）．

[17] 姚大志．社群主义的两副面孔——评沃尔策的正义理论［J］．天津社会科学，2007（1）．

[18] 姚大志．"小社群主义"——麦金太尔社群主义研究［J］．求是学刊，2013，40（1）．

[19] 顾肃．社群主义德性观［J］．道德与文明，2010（3）．

[20] 韩震，李伟．桑德尔对罗尔斯"自我"概念的批判［J］．国外社会科学，1998（2）．

[21] 贾中海．正当与善——桑德尔对罗尔斯"正当优先于善"的批判［J］．北方论丛，2016（2）．

[22] 王千陌．自由主义自我观念的虚无主义悖论——以桑德尔对罗尔斯的批评为例［J］．海南大学学报（人文社会科学版），2019，37（4）．

[23] 尹金萍．查尔斯·泰勒社群主义构成性自我观的意义阐释与实践运用［J］．国外社会科学，2022（6）．

[24] 陈雅文．论罗尔斯的公民观［J］．道德与文明，2019（6）．

[25] 王涛．政治的正义观念与政治自由主义的抱负［J］．前沿，

2012（19）.

[26] 俞可平. 当代西方政治哲学的流变：从新个人主义到新集体主义 [J]. 社会科学战线，1998（5）.

[27] 俞可平. 政府：不应当做什么，应当做什么——自由主义与社群主义的最新争论 [J]. 政治学研究，1998（1）.

[28] 韩水法. 权利的公共性与世界正义——世界公民主义与万民法的比较研究 [J]. 中国社会科学，2005（1）.

[29] 向青山. 论罗尔斯《万民法》中的人权观 [J]. 道德与文明，2011（5）.

[30] 韩冬雪. 超越自由主义的政治理念——社会主义市场经济条件下的国家职能 [J]. 中国行政管理，2000（9）.

[31] 韩冬雪. 政治哲学论纲 [J]. 政治学研究，2000（4）.

[32] 孙晓春. 政治哲学的使命及其当下意义 [J]. 天津社会科学，2016（6）.

3. 英文著作

[1] BROWN A. Modern Political Philosophy：Theories of Just Society [M]. London：Penguin Group，1986.

[2] WOLFF J. An Introduction to Political Philosophy [M]. Oxford：Oxford University Press，2006.

[3] RAWLS J. A. Theory of Justice [M]. Cambridge：The Belknap Press of Harvard University Press，1971.

[4] RAWLS J. A. Theory of Justice：revised edition [M]. Cambridge：The Belknap Press of Harvard University Press，1999.

[5] RAWLS J. Political Liberalism：Expanded Edition [M]. New York：Columbia University Press，2005.

[6] RAWLS J. Collected Paper [M]. Cambridge: Harvard University Press, 1999.

[7] RAWLS J. Lectures on the History of Moral Philosophy [M]. Cambridge: Harvard University Press, 2000.

[8] RAWLS J. Justice as Fairness: A Restatement [M]. Cambridge: The Belknap Press of Harvard University Press, 2001.

[9] RAWLS J. Lectures on the History of Political Philosophy [M]. Cambridge: Harvard University Press, 2008.

[10] FREEMAN S. Justice and the Social Contract: Essays on Rawlsian Political Philosophy [M]. Oxford: Oxford University Press, 2007.

[11] FREEMAN S. Rawls [M]. New York: Routledge, 2007.

[12] POGGE T. John Rawls: His Life and Theory of Justice [M]. Oxford: Oxford University Press, 2007.

[13] MANDLE J. Rawls'a Theory of Justice: An Introduction [M]. Cambridge: Cambridge University Press, 2009.

[14] DWORKIN D. Sovereign Virtue: The Theory and Practice of E-quality [M]. Cambridge: Harvard University Press, 2002.

[15] DWORKIN D. Justice for Hedgehogs [M]. Cambridge: Harvard University Press, 2011.

[16] NUSSBAUM M C. Frontiers of Justice: Disability, Nationality, Species Membership [M]. Cambridge: The Belknap Press of Harvard University Press, 2006.

[17] HAYEK F A. The Road to Serfdom: the Definitive Edition [M]. Chicago: University Of Chicago Press, 2007.

[18] NOZICK R. Anarchy, State and Utopia [M]. New York: Basic

Books, 2013.

[19] SCHEFFLER S. Equality & Tradition: Questions of Values in Moral and Political Theory [M]. Oxford: Oxford University Press, 2010.

[20] ARBLASTER A. The Rise and Decline of Western Liberalism [M]. London: Blackwell Publishing Ltd. , 1984.

[21] KYMLICKA W. Contemporary Political Philosophy: An Introduction [M]. Oxford: Oxford University Press, 2001.

[22] ROBERT C. Tucker. Philosophy and Myth in Karl Marx [M]. NJ: Transaction Publishers, 2000.

[23] WOOD A W. Karl Marx [M]. London: Routledge & Kegan Paul, 1981.

[24] BUCHANAN A E. Marx and Justice [M]. Totowa: Rowman & Littlefield Publishers, 1982.

[25] SAMPLE R J. Exploitation: What It Is and Why It's Wrong [M]. Lanham: Rowman & Littlefield Publishers, 2003.

[26] SANDEL M J. Liberalism and the Limits of Justice [M]. Cambridge: Cambridge University Press, 1982.

[27] WALZER M. Spheres of Justice: A Defense of Pluralism and Equality [M]. New York: Basic Books, 1984.

[28] TAYLOR C. Sources of the Self: The Making of the Modern Identity [M]. Cambridge: Harvard University Press, 1989.

[29] TAYLOR C. The Ethics of Authenticity [M]. Cambridge: Harvard University Press, 1992.

[30] ALASDAIR C. MacIntyre. After Virtue: A Study in Moral Theory [M]. Indiana: University of Notre Dame Press, 1984.

[31] DANIEL A. Bell. Communitarianism and Its Critics [M].

Oxford: Clarendon Press, 1993.

[32] JOHNSTON D. The Idea of a Liberal Theory: A Critique and Reconstruction [M]. Princeton: Princeton University Press, 1994.

[33] MULHALL S, SMITH A. Liberals and Communitarianism [M]. London: Blackwell Publishers, 1996.

[34] OAKESHOTT M. Rationalism in Politics and Other Essays [M]. Indianapolis: Liberty Fund, 1991.

[35] WEITHMAN P. Why Political Liberalism: On John Rawls's Political Turn [M]. Oxford: Oxford University Press, 2011.

[36] DOUGLASS R B, GERALD M. Mara. Liberalism and the Good [M]. New York: Routledge, 1990.

[37] STIGLITZ J. Making Globalization Work: The Next Steps to Global Justice [M]. London: Penguin Books Ltd, 2007.

[38] POGGE T. World Poverty and Human Rights [M]. Cambridge: Polity Press, 2002.

[39] POGGE T, MOELLENDORF D. Global Justice: Seminal Essays [M]. St. Paul: Paragon House, 2008.

[40] BEITZ C R. The Idea of Human Rights [M]. Oxford: Oxford University Press, 2009.

[41] BEITZ C R, GOODIN R E. Global Basic Right [M]. Oxford: Oxford University Press, 2009.

[42] BROOKS T. The Global Justice Reader [M]. Oxford: Blackwell Publishing, 2014.

[43] WOLFF J, DE-SHALIT A. Disadvantage [M]. Oxford: Oxford University Press, 2007.

[44] WOLFF J. Ethics and Public Policy: A Philosophical Inquiry

[M]. New York: Routledge, 2011.

[45] PETTIT P. Contemporary Political Theory [M]. New York: Macmillan Publishing Company, 1991.

[46] MILLER D. The Liberty Reader [M]. Edinburgh: Edinburgh University Press, 2006.

[47] BRIGHOUSE H. School Choice and Social Justice [M]. Oxford: Oxford University Press, 2000.

4. **英文期刊**

[1] HART H L A. Between Utility and Rights [J]. Columbia Law Review, 1979, 79.

[2] HART H L A. Rawls on Liberty and Its Priority [J]. The University of Chicago Law Review, 1973, 40 (2) .

[3] DWORKIN R. Equality, Luck and Hierarchy [J]. Philosophy and Public Affairs, 2002, 31 (2) .

[4] COHEN G A. On the Currency of Egalitarian Justice [J]. Ethics, 1989, 99.

[5] FRANKFURT H G. Equality as a Moral Ideal [J]. Ethics, 1987, 98.

[6] WOOD A. The Marxian Critique of Justice [J]. Philosophy and Public Affairs, 1972, 1 (3) .

[7] SANDEL M. The Procedural Republic and the Unencumbered Self [J]. Political Theory, 1984, 12.

[8] YAR M. Honneth and the Communitarians: Towards a Recognitive Critical Theory of Community [J]. Res Publica, 2003, 9 (2) .

[9] POGGE T. Recognized and Violated by International Law: The Hu-

man Rights of the Global Poor [J]. Leiden Journal of International Law, 2005, 18.

[10] POGGE T. Real Word Justice [J]. The Journal of Ethics, 2005, 9.

[11] ACKERMAN B. Political Liberalism [J]. The Journal of Philosophy, 1994, 7.

[12] FREEMAN S. The Burdens of Public Justification: Constructivism, Contractualism, and Publicity [J]. Politics Philosophy Economics, 2007 (6).